जग दर्शन का मेला

एक शिक्षक की डायरी

जग दर्शन का मेला

शिवरतन थानवी

राजकमल प्रकाशन

ISBN : 978-81-267-3078-0

मूल्य : ₹ 295

पहला संस्करण : 2018

प्रकाशक : राजकमल प्रकाशन प्रा. लि.
1-बी, नेताजी सुभाष मार्ग, दरियागंज
नई दिल्ली-110 002

शाखाएँ : अशोक राजपथ, साइंस कॉलेज के सामने, पटना-800 006
पहली मंजिल, दरबारी बिल्डिंग, महात्मा गांधी मार्ग, इलाहाबाद-211 001
36 ए, शेक्सपियर सरणी, कोलकाता-700 017

वेबसाइट : www.rajkamalprakashan.com
ई-मेल : info@rajkamalprakashan.com

मुद्रक : बी.के. ऑफसेट
नवीन शाहदरा, दिल्ली-110 032

JAG DARSHAN KA MELA
Diary by Shivratan Thanvi

प्रपौत्र ऋजु अनिमेष के नाम

भूमिका

'जग दर्शन का मेला' पुस्तक पढ़ गया—सरसरी तौर पर। पर जहाँ निगाह रुकी, वहाँ ठहरकर भी पढ़ा। रस लेकर। ऐसे स्थल अनेक हैं। इसलिए इस किताब को बार-बार पढ़ा जा सकता है। लेखक के पास एक दृष्टि है—जैसी डायरी लेखक के पास होनी चाहिए। इसलिए 'रामचरितमानस' में देखा हुआ शब्द 'पाकड़' वह भूलता नहीं। अचानक अखबार के किसी लेख में 'पिलखिन' से उसकी भेंट हो जाती है। पता चलता है यह छोटा-सा शब्द पाकड़ का गमला-संस्करण है। लेकिन कहाँ पाकड़—कहाँ पिलखिन! मैं पाकड़ को जानता हूँ—विशाल बड़ा-सा वृक्ष! पर 'पिलखिन' से भेंट इस डायरी में हुई। यह हिन्दी का नहीं है। किसी बाहरी स्रोत से आ गया होगा। अखबार में छपे लेख का लेखक इस पर झल्लाता है। पर मुझे लगता है कि क्या हर्ज है! हिन्दी को एक छोटा-सा, प्यारा-सा शब्द तो मिला। पर शब्द भी कैसा! 'पाकड़' सिकुड़कर गमले में आ गया।

इस डायरी की यही खूबी है। कई ऐसे सन्दर्भ और प्रयोग मिल जाएँगे कि मेरे जैसे पाठक के लिए बिलकुल नए होंगे। ऐसे प्रयोगों से एक देशज रंग आ गया है, जो मुझे अच्छा लगता है। अज्ञेय बड़े लेखक हैं। वे आ गए तो कोई बात नहीं। पर उन्हें छोड़ दें तो इस छोटी-सी डायरी में आज के लेखकों के अनेक ऐसे नाम आ गए हैं जिनसे डायरी की रोचकता बढ़ी है। हाँ, उनकी बातों पर लेखक की अपनी टिप्पणी पढ़ने लायक है और अलग से ध्यान देने लायक भी।

एक अच्छी बात यह है कि डायरी लिखी जरूर जा रही है—पर लेखक ने एक हदबन्दी भी तय कर दी है—'आत्मचिन्तन और आत्मशिक्षण' का मिला-जुला रूप। यह मिला-जुलापन पूरी डायरी में है और जान-बूझकर नहीं किया गया है। यह लेखक की शैली का हिस्सा है और अच्छा लगता है। स्वीकार किया गया है कि यह शैली लेखक ने राहुल सांकृत्यायन से सीखी। राहुल के यहाँ तो लेखन का महाभारत ही मिल जाएगा। घुमक्कड़-शास्त्र छोटी-सी किताब है। पर पकड़ लेती है। शिवरतन थानवी की यह डायरी भी पकड़ती है—जगह-जगह। एक बार शुरू करो तो फिर खत्म करनी ही पड़ेगी। ऐसी किताब की यही खूबी होनी चाहिए—जो इसमें अनचाहे ही आ गई है।

टिप्पणियाँ असंख्य हैं। कोट करने लायक तो ढेरों मिल जाएँगी। पर एक छोटी-सी टिप्पणी देकर खत्म करूँगा—

"इसी कमरे में सोता हूँ। कमरा अच्छा है। सामने से फलोदी का मुख्य रास्ता गुज़रता है, जो दाहिनी ओर को जाता है और बाईं ओर बाज़ार को। पढ़ते समय रास्ते की ओर खुलनेवाला दरवाज़ा बन्द कर लेना पड़ता है—क्योंकि उधर से आने-जानेवाले शोर से बहुत बाधा पहुँचती है। हाँ, पीछे की ओर का दरवाज़ा खोल लेता हूँ। यथेष्ट प्रकाश मिल जाता है।"

बस, बाहर से मिलनेवाले इतने से प्रकाश में यह डायरी लिखी गई है। जितना प्रकाश, उतनी डायरी! इसी में सारा साहित्य समाया हुआ है—फलोदी से लेकर चंडीगढ़ तक। बल्कि जगहें और लोगों के नाम भी और। सब पर डायरी-लेखक की टिप्पणी। लिखने बैठो तो एक और जग दर्शन बन जाएगा। वह पाठकों के लिए छोड़ता हूँ—जिनमें खुद भी शामिल हूँ।

डायरी-लेखक को ढेरों बधाई।

—केदारनाथ सिंह

प्राक्कथन

डायरी लेखक की दुनिया दिखाती है। भीतर की दुनिया, बाहर की दुनिया। दिन-प्रतिदिन की खट्टी-मीठी, साधारण-असाधारण घटनाएँ। कभी थोड़े में, मात्र एक-दो पंक्ति में। कुछ गहरी और विस्तृत भी। समय-सुविधानुसार डायरी में प्रायः रोज कुछ-न-कुछ अंकित कर दिया जाता है। कभी यह नहीं भी लिखी जाती। समय या मन का खेल है। और यों यह जीवन का मेला है। कबीर ने कहा है—'जग दर्शन का मेला'। कुमार गन्धर्व ने भी क्या खूब गाया है 'उड़ जाएगा हंस अकेला...'। यह भजन मेरे भाई रमेश को भी बहुत प्रिय है। उसके दोहिते-दोहिती तक इसे पसन्द करते हैं। उनकी उम्र होगी आठ और बारह के बीच। आते ही कहते हैं—नाना, वह भजन सुनाओ और स्वयं भी कुमार गन्धर्व वाली धुन में गाने लगते हैं। उसी भजन से डायरी के लिए नाम ले लिया है।

डायरी जाने कितने वर्षों का रोजनामचा है। सब तो एक जगह दे नहीं सकता। देना उपयोगी भी नहीं। कुछ चुनी हुई प्रविष्टियाँ ले ली हैं। वस्तुपरक भी। निजतापरक भी। मैं मानता हूँ—अनुभव भी किया है—कि डायरी आत्मचिन्तन और आत्मशिक्षण का बहुत अच्छा साधन हो सकती है। इसी प्रक्रिया को, जीवन के कुछ सादे जटिल अनुभवों को आपसे साझा करता हूँ। कुछ पुराने अनुभव हैं। कुछ नए। कहीं पुरानी प्रविष्टियाँ आगे हैं और कहीं नई पहले। यानी इनका क्रम कुछ उलझा हुआ है। जैसे जीवन।

—शिवरतन थानवी

18.2.2009

अमानुल्ला खाँ परबतसर में रहते हैं। फलोदी के पास के गाँव बाप में शिक्षक थे कभी, मेरे पिताजी के साथ। पिताजी को याद किया, मेरा पता पूछा और कन्धों पर कैनवस का भारी थैला उठाए घर चले आए पैदल। अस्सी-बयासी के तो जरूर होंगे। गोरा, लाल शरीर है। मजबूत कद-काठी। पैदल यात्रा की है पहाड़ी तीर्थों की। केदारनाथ, बद्रीनाथ, गंगोत्तरी, यमुनोत्तरी आदि अनेक स्थानों पर खूब घूमे हैं, कैनवस के इसी थैले को कन्धों पर लिए हुए। रामसुखदास जी की गीता पर लिखी (बोली) गीता प्रेस की एक पुस्तक जेब में रखते हैं। राहुल सांकृत्यायन को पढ़ा है। केदारनाथ पांडे (राहुल) के बचपन की कहानी सुनाने लगे कि शिक्षक के नाराज होने पर छोटी कक्षा में ही स्कूल छोड़ दिया था, घूम-घूम कर, पढ़ते-पढ़ते, पंडित हो गए।

मैंने कहा, 'घुमक्कड़ शास्त्र' लिख दिया, 'वोल्गा से गंगा' लिख दी, 'जय यौद्धेय' लिख दी और कई भागों में 'मेरी जीवन यात्रा' भी। एक छोटी पुस्तक थी उनकी 'तुम्हारी क्षय', जिसमें धर्म, जाति आदि के कई निरर्थक रीति-रिवाजों की बखिया उधेड़ी थी। उस किताब ने मेरा जीवन बदल दिया। राहुल को नहीं पढ़ा, तब तक मैं पुरातनपन्थी ही था। गीता-प्रेस की पत्रिका 'कल्याण' पढ़ता था, गीता-रामायण आदि पौराणिक ग्रन्थों में ही रुचि रखता था। मेरे जीवन में तब दकियानूसी विचारों की मात्र एक खिड़की खुलती थी। राहुल की वह नन्ही-सी किताब पढ़ी तो जीवन की राह बदल गई, कई खिड़कियाँ खुल गईं। आज हर रंग-रूप की पुस्तक पढ़ने की इच्छा रहती है।

अमानुल्ला को तो पुस्तकों से मुझसे ज्यादा प्रेम है। दिल्ली पुस्तक मेले में गए तो बच्चों के साहित्य का विश्वकोश ही उठा लाए।

दो किस्से उन्होंने और सुनाए—एक राहुल का, एक खुद का। राहुल ईरान गए। एक औरत मिली जो चाय हथेली में लेकर चखती थी, ग्राहकों को देने से पहले। राहुल ने कहा, रोजा नहीं रखती हो ? वह बोली—रोजा रखने वालों को जन्नत मिलती है, जहाँ सत्रह हूरें (अप्सराएँ) मिलती हैं। मुझे जन्नत मिली तो सोलह मेरी सौत होंगी। ऐसी जन्नत मुझे नहीं चाहिए।

खुद का अनुभव अमानुल्ला ने यह सुनाया कि केदार–बद्रीनाथ की यात्रा में एक चट्टी पर तख्त पड़ा था किसी दुकान के बाहर। वहाँ दो राजस्थानी मिले। पति–पत्नी थे। अमानुल्ला भी राजस्थानी। वे खुश हुए। बातें होने लगीं। रिमझिम शुरू हुई तो पत्नी भीतर चली गई। पति को आवाजें दीं। छह बार दे चुकी तो नाराज हो गई। तब पति ने जवाब दिया—हम भगवान के दर्शन को जा रहे हैं। और देखो, ये भगवान हमारे सामने पैदल आकर विराजे हुए हैं। बूँदा–बाँदी से क्या डर ? जिनका दर्शन करने जा रहे हैं, वे भगवान तो पत्थर के हैं। ये सजीव हैं। बोलो, कौन बड़ा ?

एक अनुभव सुनाया जयपुर के दीक्षांत समारोह का। बी.एड. की डिग्री लेने गए थे। अमेरिका के राजदूत जॉन कैनेथ गैलब्रेथ का परिचय दिया। मोहनसिंह मेहता ने कहा कि हार्वर्ड विश्वविद्यालय में प्रोफेसर थे, वहाँ से इनका प्रमोशन हुआ, अब राजदूत हैं। गैलब्रेथ की बारी आई तो बोले—प्रमोशन नहीं, मेरा डिमोशन हुआ है। शिक्षक से बड़ा कोई पद नहीं होता। शिक्षा से ऊँचा कोई काम नहीं। प्रमोशन मेरा तब मानूँगा, जब राजदूत न रहकर हार्वर्ड में फिर शिक्षक होकर चला जाऊँगा।

28.3.2015

श्री श्री रविशंकर ने जयपुर के एक 'आदर्श' स्कूल में मुख्य अतिथि के तौर पर बोलते हुए कहा कि सभी सरकारी स्कूल बन्द कर उन्हें निजी हाथों में सौंप देना चाहिए। उनकी समझ में सरकारी स्कूल में पढ़े बच्चे नक्सलवाद और हिंसा के मार्ग पर चले जाते हैं। उनमें आदर्श की कमी होती है। आदर्श स्कूल होंगे तो बच्चे उद्दंड नहीं होंगे, नक्सलवाद नहीं फैलेगा। जब चारों ओर बवाल मचा और भर्त्सना हुई, तो श्री श्री ने कह दिया कि उन्होंने तो कभी ऐसा

कहा ही नहीं। पैंतरा बदलने की चाल तो राजनेता चला करते हैं, साधु-सन्त भी ऐसा करने लगे?

भारतीय समाज के बारे में उनकी जानकारी निश्चित ही अधकचरी है। सदी के उत्तरार्ध में उद्योग-धन्धे बढ़े तो नव-धनाढ्यों को रिझाने में प्रवीण नए साधु-महात्मा भी पैदा हो गए। साम्प्रदायिकता, घृणा और हिंसा में वृद्धि करने वाले साधु-सन्त आए तो कुछ ऐसे भी आए जो विद्वान थे, सहज-सौम्य थे और अपने भक्तों को सच्चाई, प्रेम और समाज की भलाई सिखाते थे। श्री श्री रविशंकर को भी हम उन्हीं में मानते थे। झुकाव उनका दक्षिणपन्थी है, तब भी सर्वधर्मसमभाव और उनके संगीत-प्रधान आयोजनों के कारण वे प्रिय लगते थे। लेकिन अभी जयपुर में उन्होंने जो विचार रखे, उन्हें देखकर हम भौचक्के रह गए।

क्या कोई शिक्षित व्यक्ति सपने में भी ऐसा सोच सकता है? क्या वे भूल गए कि शिक्षा भी कभी आदर्शरहित होती है? सरकारी हो या गैर-सरकारी, खराब या कच्ची-से-कच्ची, शिक्षा कभी बिना आदर्श के हो ही नहीं सकती। 'आदर्श' का नाम लेकर भले कोई उन्हें विधर्मी या विरोधी से घृणा या हिंसा करना सिखा दे, या कुफ्र करने वाले का कत्ल करना ही सिखा दे, सरकारी स्कूलों में ऐसा 'आदर्श' नहीं सिखाया जाता है। वहाँ वैज्ञानिक दृष्टि और विवेक पर बल दिया जाता है। सहमति-असहमति दोनों की आजादी होती है। प्रतिपक्ष में भी रहना-सहना सिखाया जाता है। क्या यह बुरा है?

11.12.2016

हजारीराम बागाणी भोजासर गाँव (तहसील फलोदी, जिला जोधपुर) के निवासी हैं। द्वितीय श्रेणी शिक्षक होकर अब निकटस्थ कस्बे आऊ के सीनियर हा.से. स्कूल में हिन्दी पढ़ाते हैं। मैं लेटा ही था नाश्ते के बाद कि वे आए। लेटता हूँ तो कमरे का दरवाजा बन्द करवा देता हूँ। संयोग था कि दरवाजा बन्द हो, उससे पहले वे आए। बैठे। करीब पचास के आसपास होंगे। बातें हुईं तो लगा कि निराले शिक्षक हैं। साक्षात् विभूति। रंग साँवला, व्यक्तित्व सितारे-सी चमक वाला। न मिला होता तो मैं एक हीरा खो देता।

मैंने सैकड़ों शिक्षकों के साथ काम किया है। सैकड़ों शिक्षक-प्रशिक्षकों तथा शिक्षाधिकारियों को पास से देखा है। लेकिन शिक्षा की पत्रिकाएँ और पुस्तकें मँगाकर पढ़ने वाले बहुत कम देखे हैं। हजारीरामजी जैसा शिक्षा-साहित्य के प्रति अनुरक्ति रखने वाला तो इना-गिना ही मिला होगा।

सुदूर गाँव में बैठा यह दुबला-पतला शिक्षक खुद ग्राहक बनकर विभिन्न पत्रिकाएँ मँगाता है, पढ़ता है और उनमें जिन शैक्षिक पुस्तकों की अच्छी समीक्षा पढ़ता है उन पुस्तकों को भी डाक से मँगा लेता है। इतनी गहराई से पढ़ता है मानो परीक्षा देनी हो। यह भी याद है कि जो पुस्तक उन्हें अच्छी लगी थी, उसकी समीक्षा किसने की थी।

अब उनके पुस्तक-प्रेम का दूसरा अध्याय। मैंने पढ़ने की तन्मयता वाली यह आदत और उत्कट आकांक्षा देख पूछा कि आप हिन्दी के व्याख्याता हैं, कोई साहित्यिक-वैचारिक पत्रिका या पुस्तक मँगाते हैं। मैंने कुछ पत्रिकाओं के नाम बताए और कहा—इनके पूरे पते बाद में आपको चिट्ठी लिखकर भेज दूँगा। असल में थका था। सो सोचा कि यह सेवा डाक पर टालो। लेकिन नचिकेता के इस भाई को जिज्ञासा का समाधान किए बिना चैन कहाँ? बोले, कोई नमूना तो दिखा दीजिए। हठात् मैंने पाँच-सात पत्रिकाएँ छाँटीं और उन्हें ऊपर-नीचे एक क्रम से रखा और बताता गया कि सरल ऊपर हैं, कठिन से कठिनतर नीचे की ओर। जान गया था कि भाई इनके पते-ठिकाने लिखने बैठ जाएगा।

वे सचमुच ऐसे ही निकले। मुझसे कागज लिया और लिखने बैठ गए। मैं पचासी पार का वृद्ध। मेरी कमर जवाब दे रही थी। पर उनके अध्ययन की उत्कटता देख अपनी थकान दूर रखने में ही आनन्द समझा। वे लिखते रहे, मैं देखता रहा। पहले 'नवनीत' फिर 'नया ज्ञानोदय' और 'परिकथा'। अगले क्रम में 'पहल', 'वागर्थ' और 'तद्भव'। याद नहीं, 'वागर्थ' मैंने शायद 'पहल' से पहले सरल पत्रिकाओं में रखी हो। उन्हें मेरी बात जँची कि अच्छा हिन्दी शिक्षक बनने के लिए हिन्दी साहित्य पर भी लगातार ध्यान देना जरूरी है।

24.5.1992

आज 'इंडियन एक्सप्रेस' के एक विज्ञापन में शिक्षा सम्बन्धी यह दिलचस्प श्लोक पढ़ने को मिला :

देहस्य मोक्षो ना मोक्षो न दंडस्य कमंडलो:।
अविद्याहृदय ग्रन्थि मोक्षो मोक्षोयतस्तत:॥

—शंकराचार्य, विवेकचूड़ामणि 559

× × ×

शाम (अनिल) बोर्दियाजी घर आए। उनके साथ उरमूल समिति के 'विचार-मन्थन' कार्यक्रम में भाग लेने चला गया। सुबह समिति के लोग घर आकर निमंत्रण भी दे गए थे। कार्यक्रम में मुम्बई से प्रो. सरढाना आए थे, पिछली नहर-यात्रा (संजय घोष के साथ) में शामिल थे। अब गडरा रोड से नई नहर यात्रा की योजना बना रहे हैं। उनका घुटना बिगड़ गया था। ऑपरेशन कराया। अब चल सकते हैं।

विचार-मन्थन का विषय था : 'शिक्षा में किस पर जोर दिया जाए'—मात्र अंकाक्षरी शिक्षा पर या आजीविका की शिक्षा पर भी? बोर्दियाजी ने आजीविका का नाम लिया। मुझसे पूछा कि जिसे अंकाक्षरी शिक्षा कहते हैं दयालजी (सोनी), वह हो या कोई अन्य जो शक्ति देने वाली हो। मैंने कहा कि दोनों। उदाहरण दिया डेविड ओसबरो के नीलबाग प्रयोग का, जो अपने स्कूल में कोई न कोई कमाने, पैरों पर खड़ा करने वाला काम हर विद्यार्थी को सिखाते हैं।

प्रो. सरढाना ने कहा कि कोई ऐसा भी उपाय हो कि आजीविका मिल सके शिक्षार्थी को, जैसा उरमूल ने किया है। पूछकर आगे बोले कि रामचंद्र की उम्र थी सत्ताईस और पढ़े थे केवल कक्षा सात। काम का तरीका कुछ ये जानते थे, कुछ नया सीखा और मार्केटिंग भी सीखी। फल सामने है। डेढ़ से दो सौ लोगों को आमदनी का जरिया दे दिया है। हम इधर और क्या-क्या ले सकते हैं, पूछा रामचन्द्र से ही। उत्तर मिला—सुथारी, कुम्हार का काम, दर्जी का काम, पर उसमें गुंजाइश कम है।

बोर्दियाजी ने कहा—सांगरी, केर की बाहर बहुत माँग है। अभी जयपुर में बाहर से आए भारतीयों ने कहा कि कोई ढंग से पैकेजिंग-मार्केटिंग करके उन्हें भेजे तो पचास करोड़ की खपत हो सकती है। ग्वारफली भी, काचरी भी।

मैंने याद दिलाया कि डॉ. दाभोलकर ने बकरी की मेंगनी, जो झाड़ियों के नीचे पड़ी होती हैं, उन पर ध्यान देकर लोगों में ऐसी जागृति पैदा की कि आजीविका के नए स्रोत खुल गए। पावलो फ्रेरे तथा दाभोलकर का आपसी संवाद दुनिया में प्रसिद्ध है। बोर्दियाजी ने काजरी (जोधपुर) द्वारा किए जाने वाले प्रयोगों पर जानकारी चाही। पर किसी को सूचना नहीं थी।

रात दस बजे तक बात चली।

13.12.2000

मेरा मित्र शिवलाल जोधपुर में 1951 में रहा करता था, पोकरण हवेली में। उसी के बगल वाले घर में मैं रहता था। उसके जो पुत्र हुआ उसे मैं चाऊ एन लाई कहा करता था। उन्हीं दिनों चीन से चाऊ एन लाई के आने पर देश में हिन्दी-चीनी भाई-भाई की धूम थी। बच्चे की आँखें हू-ब-हू चाऊ जैसी थीं। बहरहाल, उसका नाम रखा गया शिवकुमार, घर में लाला कहते थे। आज वह लाला मिल गया उरमूल के बाहर। वन विभाग में काम करता है। उरमूल के सामने ही उसका क्वार्टर है। मुझे वह अपने क्वार्टर पर ले गया, पेड़-पौधे दिखाने। उसे याद था कि मुझे पेड़-पौधों और फूलों के बारे में जानने में रुचि रहती है। उसने गुड़हल का पौधा दिखाया, जिस पर लाल फूल आ चुके थे। उसके बंगाली पड़ोसी उसे जवाकुसुम कहते हैं। मोगरे की बेलें भी देखीं। पीली कनेर, लाल कनेर और चौड़े पत्तों वाला अकेसिया (बबूल का ही कोई भाई)। पापड़ी के पेड़ का उल्लेख मैंने किया और दिमाग पर बहुत जोर देते हुए भी उसका दूसरा एक नाम याद न आया तो ब्रजमोहन कल्ला रेंजर ने उसका नाम सही बता दिया—करंज। बोले—शायद यहाँ है। काजलिया का मैंने उल्लेख किया तो बीकानेर के बगीचे के पेड़ इन्हें याद आ गए और बोले कि मंडोर में भी हैं। मैंने पेड़ का दूसरा नाम बताया उन्हें—झाड़फानूस!

6.4.1997

बी. शेखर आजकल राजस्थान की प्राथमिक-माध्यमिक शिक्षा के निदेशक हैं। वे लोक जुंबिश में भी रहे। तब उन्होंने मेरे रेखाचित्र बनाए थे। गुजराती लेखक गुणवन्त शाह की एक पुस्तक का लोकार्पण हुआ, तब मेरे साथ मंच पर थे। उनसे अच्छे सम्पर्क रहे हैं। इसलिए इस पर गौर किया कि वे आजकल कक्षा आठ स्तर पर हर जिले में समान प्रश्न-पत्र योजना लागू करने पर किस तरह जोर दे रहे हैं। वे प्राथमिक शिक्षा जिला बोर्ड बनाने वाले हैं और गैर-सरकारी विद्यालयों में कुछ विद्यालय हैं, जो कहते हैं कि उन्हें इसके लिए बाध्य नहीं किया जा सकता। इस कारण यह योजना अटक गई लगती है। ऐसा अखबारों में छपा है।

विचार कर मित्रता के अधिकार से शेखर को एक पत्र लिखा है कि थोड़ा सोचिए कि इसमें लाभ क्या है? मेरी राय तो यह है कि आप परीक्षाएँ शिक्षकों पर छोड़ें और प्रश्न-पत्रों के नाना रूप तैयार कराके उत्तमोत्तम मुद्रण कराने को एक अभिकरण स्थापित करें। पहले जिला स्तरों पर। यह काम डाइट (जिला शिक्षा एवं प्रशिक्षण संस्थान) द्वारा भी कराए जाने पर विचार किया जा सकता है। फिर शनैः-शनैः ब्लॉक स्तरों पर (सीनियर उच्च माध्यमिक विद्यालयों या एस.टी.सी. विद्यालयों के माध्यम से) स्थापित करें। ये अभिकरण मानकों का निर्माण भी करें, विकास व शोध भी करें और उत्तम मानकों का अनुसरण करते हुए नाना विकल्पों वाले आदर्श रूप में मुद्रित प्रश्न-पत्रों के पर्याप्त संख्या में पैकेट विद्यालयों को उपलब्ध कराएँ। उनके चयन व उपयोग की सम्पूर्ण स्वतंत्रता शिक्षकों को दें।

शिक्षकों को ज्यादा जरूरत है सहायता की और मार्गदर्शन की और प्रभावी परिवीक्षण की। सैकड़ों विद्यालय हैं, जिनमें कोई शैक्षणिक परिवीक्षक—जिला शिक्षाधिकारी या उनका सहायक—पाँव भी नहीं रखता है। वाहन ही नहीं हैं किसी परिवीक्षक के पास; किसी के पास किसी विद्यालय तक जाने का समय ही नहीं है। समझ भी पर्याप्त नहीं है परिवीक्षकों को कि शिक्षकों से कैसे व्यवहार करें, कैसे/कहाँ/कितना मार्गदर्शन दें, कहाँ कितना उनसे सीखें—उनको सुनें, उनके अनुभव का लाभ लें। इन सबका प्रबंध अब तो हो।

कितने-कितने पद बढ़ गए अधिकारियों के, लेकिन हैं किसी काम के? कभी उप, कभी अतिरिक्त और कभी वरिष्ठ उप जिला शिक्षाधिकारी के कार्यालय खुल गए। पर किस काम के? और प्रधानाध्यापकों-प्रधानाचार्यों को भी आपने देखा होगा? स्वयं शिक्षकों में सुधार के बिन्दुओं पर भी आपने गौर किया होगा? उन सबको देखना है और पहले देखना है। पहल होनी है तो उधर से होगी।

यह परीक्षा का नाम लेकर पहल की भी तो क्या पहल की आपने? पास-फेल का कोड़ा या डंडा उठाकर शिक्षा में सुधार की पहल कोई पहल होती है? यदि आपको पहल करनी है, कोई नवाचार करना है, तो जैसा मैंने ऊपर बताया, और भी कई क्षेत्र मिलेंगे जिनमें से किसी को भी आप चुन सकते हैं। एक बार में उनमें से एक सैट पर अमल प्रारम्भ कीजिए, फिर दूसरे सैट पर नजर टिकाइए, और जब पहले सैट पर अमल हो रहा हो, अनुभव हो रहा हो और अनुभवों से उस सैट के अमल के तरीकों में परिवर्तन-परिवर्धन हो रहे हों तब दूसरे-तीसरे सैटों की तैयारी करते रहिए।

परीक्षा का जो सही शिक्षात्मक रूप है उस पर पहले सैट में ही कार्य हो सकता है। उसे न माध्यमिक बोर्ड जानता है और न 'संधान' (जयपुर) में उस पर कोई ध्यान दे रहा होगा। हो भी कैसे? परीक्षा के मौजूदा ढाँचे को बदलना है तो हिम्मत से काम लेना पड़ेगा। हिम्मत चाहिए यह कहने की कि बच्चे की योग्यता देखने के लिए (अर्थात् परीक्षा के लिए) किसी बाहरी आँख की जरूरत नहीं है। बच्चा खुद, माँ-बाप खुद, और विद्यालय का मामूली-से- मामूली बुद्धि वाला शिक्षक भी खुद पलक झपकते जान जाएगा कि बच्चा कितना आगे बढ़ा है और कितना अभी आगे बढ़ना बाकी है। उस अवस्था की तरफ बढ़ने का क्या कभी हम साहस कर सकेंगे? मेरी विनम्र राय में तो उधर बढ़ने का साहस करेंगे तभी सच्ची शिक्षा का जन्म होगा।

यह कपोल कल्पना नहीं है। व्यापक और समग्र दृष्टि से देखें तो हकीकत यही है। हमने हिम्मत नहीं की। हम रूढ़ियों से डरते रहे। हम पंडितों से—सुस्त पंडितों से और सुस्त समाज से डरते रहे। हमने नई परम्परा डालने की हिम्मत नहीं की। माँ-बाप को और शिक्षक को निर्भय और दृष्टिवान बनाने की कोशिश ही नहीं की।

प्रमाणीकरण का युग पीछे छोड़िए, प्रक्रिया के पूरे परिवेश को (शिक्षक का आचरण, विषय ज्ञान, शैक्षिक दृष्टि, पाठ्य-पुस्तकें, शिक्षण सामग्री, माँ-बाप का सहयोग, माँ-बाप की शैक्षिक दृष्टि आदि को) सबल बनाने का युग लाइए। परिणाम और प्रमाण दोनों स्वतः सामने आ जाएँगे।

हो सकेगा कुछ ऐसा? विचार कीजिए और पसन्द आए तो प्रयोग कीजिए।

पत्र भेजा।

27.5.1999

लोक जुंबिश में यूनीसेफ के प्रतिनिधि आदर्शकुमार से भेंट हुई। उन्होंने दो बातें कहीं—एक : वे यह देखेंगे कि कौन बालिका किस पृष्ठभूमि से आई है, पाँचवीं पास नहीं की या तीसरी ही की है तो इसके पीछे परिवार की पृष्ठभूमि का कौन-सा तत्त्व जिम्मेदार है। जाति, व्यवसाय, माता-पिता की शिक्षा, सामाजिक सांस्कृतिक पृष्ठभूमि आदि। (उन्होंने यह समझा था कि इन बालिका शिविरों का लक्ष्य पाँचवीं पास कराना रहा होगा।)

मैंने उन्हें बताया कि इन शिविरों का लक्ष्य इतना ही था कि जो कभी स्कूल नहीं जा पाईं या गईं तो बीच में छोड़ आईं, वे जहाँ से भी जितना भी पढ़ना चाहें अपने सामर्थ्य के अनुसार पढ़ सकें।

दूसरी उन्होंने बात यह कही कि जो बालिकाएँ चौथी-पाँचवीं पढ़कर स्कूल में भरती होंगी उनका पाठ्यक्रम अलग रखा होगा और जो भरती नहीं होने वाली हैं, उनको जीवन भर काम आ सके ऐसा कोई अलग पाठ्यक्रम रखा होगा?

मुझे तब कहना पड़ा कि ऐसा सोचना ही शिक्षा-विरोधी है। सीखने की इच्छा और सीखने के साधन की पहचान या कुशलता ही काफी होनी चाहिए। शिक्षा का यही तो सार है।

21.10.2000

गिजुभाई की पुस्तक 'सुशीला ने पत्रो' (सुशीला को पत्र) पहले-पहल 1938 में छपी थी। शान्ति निकेतन में पढ़ रही अपनी बेटी को गिजुभाई हर बुधवार पत्र लिखा करते थे। अपेक्षा करते थे कि वह भी हर बुधवार पत्र लिखे ताकि हर रविवार की दोपहर वे उसे इत्मीनान से पढ़ सकें।

इन पत्रों में परिवार का हर सदस्य मौजूद है। पड़ोसियों, रिश्तेदारों और नौकरों का भी वर्णन है। सब्जी, पेड़, फूल, भँवरे, मेंढक, साँप आदि भी हैं। फूलों का तो यह ग्रन्थ शब्दकोश क्या विश्वकोष है। यदाकदा संगीत, रिकॉर्ड, ग्रामोफोन (कभी चालू तो कभी बन्द का वर्णन भी) है तो अपनी संस्था (बाल मन्दिर) के नानाभाई तथा रविभाई की जापान यात्रा के उपलक्ष्य में जापान-सप्ताह के आयोजन का और महात्मा गांधी की जयंती लगातार तीन दिन मनाने का वर्णन भी है। पत्रों में विनोद का अनूठा पुट है।

श्राद्ध पक्ष में पितरों को परेशान न करने व उन्हें उनका काम या विश्राम करने देने के साथ खुद के काम में खुद व्यस्त रहने का भी उल्लेख है। शालीनता से संकेत कि श्राद्ध आयोजन व्यर्थ हैं। महादेव सिहोर पर भी बाकी टिप्पणी पढ़ने को मिली।

फुरसत में एक लेख लिखा जा सकता है, कुछ पत्रों को उद्धृत करते हुए। शीर्षक होगा—'गिजुभाई में विनोद भाव' या 'गिजुभाई के बगीचे में फूल ही फूल'। सीधा-सपाट 'पुत्री के नाम पत्रों में गिजुभाई का जीवन-दर्शन' भी हो सकता है।

22.10.2000

केरल के गुरुवायूर श्रीकृष्ण मन्दिर में राजनेता वायलार रवि का बेटा शादी के बाद अपनी पत्नी के साथ दर्शन करने गया। जोड़े के लौटने के बाद पुजारी ने मंदिर का शुद्धिकरण किया, गंगाजल से धोया। रवि एझवा हैं जो 'अछूत' माने जाते हैं। पर उनकी पत्नी हिन्दू नहीं हैं, ईसाई हैं। और केरल में मातृसत्तात्मक परिवार प्रणाली के कारण पुजारी ने शायद पुत्र को हिन्दू नहीं माना और मन्दिर को फिर से 'पवित्र' करने ('पुष्यहं') का व्यय वधू के माता-पिता से माँग

लिया। पुत्र ने कहा कि मैं हिन्दू हूँ, प्रमाण-पत्रों में भी हिन्दू बताया गया है। पर पुजारी नहीं माने।

रवि का पूरा परिवार 'श्री नारायण धर्म परिचालन योगम' संस्था का सदस्य है। सब श्रीनारायण गुरु को मानते हैं, जो केरल में गौतम बुद्ध या गुरु नानक के स्तर के सुधारक महात्मा माने जाते हैं। इन्हीं के प्रयत्नों से मन्दिरों में छोटी-बड़ी सभी जातियों के लिए प्रवेश शुरू हुआ। गुरुवायूर मन्दिर के पुजारियों ने तब भी इसका विरोध किया था, पर त्रावणकोर के महाराज ने (1936 में) प्रवेश की आज्ञा जारी कर दी।

रवि कहते हैं कि ईसाई से विवाह कोई गुनाह नहीं, पर उनका परिवार तो पितृसत्ता परम्परा में है और हिन्दू रीति-रिवाज मानता है। उनके बच्चे तिरुपति और अन्य बड़े मन्दिरों में बेरोकटोक जाते हैं। यहाँ ही यह भेदभाव क्यों?

सर्वोच्च न्यायालय के न्यायाधीश के.टी. जॉर्ज ने कहा है कि वे बनारस गए, काशी विश्वनाथ के पुजारी ने उनके मन्दिर-प्रवेश पर कोई आपत्ति नहीं की, बल्कि स्वागत किया।

क्यों नहीं सर्वोच्च न्यायालय या हमारी संसद को अब गुरुवायूर जैसे पुजारियों की मनमानी पर कानूनन अंकुश लगाना चाहिए?

12.9.2004

आज 1946-48 के मेरे गुरु बुधलाल जी—जिन्हें काका जी कहता हूँ—का जन्मदिन था। उन्होंने अट्ठासी वर्ष पूरे कर लिए। टैक्सी कर पहले मैं जवाहर प्याऊ गया। वहाँ से माला खरीदी। बोंबे लॉज गया। मिठाई ली। काका जी और काकी जी (गुरु-पत्नी) के चरणों में गुलाब रख कर काकी जी के हाथों में फूलमाला दी और उनके हाथों बुधलाल जी को पहनवाई, विनोद में यह कहते हुए कि आज एक और वरमाला हो जाए।

दोनों बहुत प्रसन्न हुए। मिठाई का डिब्बा काका जी के सामने रखा तो उनका छोटा पुत्र पप्पू बोला कि पहले उसे देवता के 'नड्डे' (चौक के एक कोने में किसी मृत व्यक्ति का पूजा स्थल) पर रख लें। मैंने एक बार तो मना किया, यह कहकर कि गुरु से बड़ा क्या होता है? काका जी तो गोविंद से भी

बड़े हैं। लेकिन फिर दूसरे ही क्षण पप्पू का मन रखने को हाँ भर दी। वह दौड़ा-दौड़ा 'देवता' के 'नड्डे' पर रखकर वापस आया, तब सब को 'प्रसाद' मिला।

मैंने गौर किया कि उच्च शिक्षा प्राप्त गुरुजी ने काले धागे से पिरोया सोने का कोई गोल पत्ता-सा गले में पहन रखा है। छोटी उम्र में चल बसे छोटे भाई के 'देवता' (!) बन जाने के कारण पप्पू जिस 'देवता' के 'नड्डे' पर प्रसाद चढ़ाने गया था, वह पूजा-स्थल शायद उसी का रहा हो। पता चला कि उनका दूसरा बेटा दिमागी कमजोरी का शिकार हुआ तो मान लिया गया कि किसी 'देवता' का कोप है, या कोई ऊपरी शक्ति प्रवेश कर गई है। तब उस प्रेतबाधा को दूर करने के लिए पाठ-वाठ कराने का प्रस्ताव आया। गुरुजी ने इस काम के लिए छह हजार रुपए दिए थे, यह बात उन्होंने मुझे बताई। काका जी बहुत भोले हैं, यह तो मैं काफी पहले जान गया था, जब उन्होंने गले में सोने वाले फूल का कारण बताया। लेकिन यह नहीं सोचा था कि बेटे के सर से 'प्रेत छाया' मिटाने के लिए छह हजार रुपए स्वाहा करेंगे। उन दिनों, जब ये रुपए उन्होंने खर्च किए, तब घी का भाव पाँच रुपए किलो था। आज ढाई-तीन सौ है। क्या भाव पड़ा उनका अन्धविश्वास? रुपए से भी बड़ा, घर में नीचे तक पसरता रूढ़िवाद!

20.11.1998

नौकरी से मुक्ति, अर्थात् सेवानिवृत्ति के बाद जीवन की एक समस्या यह है कि हम समय की बहुतायत का उपयोग करते हुए अपने भूले-बिसरे मित्रों को याद करते हैं, उन्हें पत्र लिखते हैं और तभी खयाल आता है कि कहीं वे यह न समझें कि तुम सेवानिवृत्त हुए हो, हम तो नहीं? हम कहाँ से लाएँ समय तुम्हारे लम्बे पत्र पढ़ने, या तुम्हारे बताए यह काम-वह काम करने को? सेवानिवृत्त हुए मुझे दस बरस हो गए, पर इस तरह के खयाल जब-तब सिर उठाते रहते हैं।

पत्र न लिखें तो लगता है कि इसी समय की प्रतीक्षा में तो सारी जिंदगी रोजगार किया। जब फुरसत अर्जित कर ली तो उसका उपयोग क्या अपने प्रिय काम करने में भी न करें?

विचित्र दुविधा है।

भूले-बिसरे मित्रों को याद करना अवकाश के क्षणों का सबसे बहुमूल्य काम लगता है। जब सेवानिवृत्त नहीं हुआ था, तब भी स्मृति की गहरी कंदरा से ढूँढ़कर नए-पुराने मित्रों को याद करता था और उन्हें पत्र लिखने का कोई न कोई कारण तलाश लिया करता था। कारण न मिलता था तो यही लिख देता था कि तुम्हें पत्र लिखने को कोई कारण ढूँढ़ना क्यों जरूरी है? क्या कुछ ऐसे मित्र हमारे जीवन में नहीं हो सकते जिन्हें अकारण पत्र लिखा जा सके? तुम वही हो। तुम्हें अकारण पत्र लिखने में ही आनन्द है।

अब सेवानिवृत्त जीवन में ऐसे पत्र लिखने का तो आनन्द बरकरार है, किन्तु कारण पैदा करने का सुख अलग है।

28.10.2005

मित्र अबीरचन्द ओझा (जोधपुर) को पत्र लिखने का आज एक अच्छा विषय मिला। पचास वर्ष से भी ऊपर हुए, मैं 'पाकड़' वृक्ष के बारे में प्रश्नाकुल था। 'मानस' में इसका उल्लेख पढ़ा था। तब से उसके बारे में जानना चाहता था। किताबों में, शब्दकोशों में खोज चलती रही। अभी, पिछले दिनों, 'जनसत्ता' में लालबहादुर ओझा का लेख पढ़ा, 'गमले में पिलखिन'। पता चला कि 'पिलखिन' नाम 'पाकड़' का है। यह पेड़ तीन मंजिल जितना ऊँचा चला जाता है। सीधा तना, घना, हरा-भरा और छायादार बड़ा वृक्ष होता है। इसकी चौतरफा छाँह में लोग सुस्ताते हैं, बच्चे खेलते हैं।

मैंने 'मानस' में पढ़ा है कि काकभुशुण्डि नीम, बरगद व पीपल के बाद पाकड़ के नीचे बैठकर कथावाचन किया करते थे। मार्च महीने में इसमें फल आते हैं, जिन्हें पक्षी खाते हैं। अप्रैल के अन्त में यह निहंग (पत्रहीन) होता है और फिर नए पल्लवों से पुलकित। जापान में और मुगल गार्डन दिल्ली में इसे बोंसाई पद्धति से गमले में भी उगाते हैं। लेखक को यह बहुत अखरा। तब लेख लिखा, 'गमले में पिलखिन'। उन्होंने व्यक्त किया है—''मुझे राष्ट्रपति भवन के मुगल गार्डन का वह हिस्सा याद आ जाता है जहाँ बोंसाई पौधे रखे गए हैं। इस साल वहीं पिलखिन से मेरा परिचय हुआ। माली ने बताया—पाकड़ को ही पिलखिन कहते हैं। पाकड़ को पिलखिन रूप में जानना मेरे लिए जितना

रोमांचकारी था, उतना ही पिलखिन को बोंसाई के रूप में देखना अवसाद भरा था। एक महती सम्भावना को कुंठित और दमित रूप में महसूस करना।''

लेखक कहता है—''बोंसाई में दिखा बीसवीं सदी के तीसरे दशक का पौधा, पिलखिन। इतना पुराना पेड़ और सिर्फ दो टहनियों और सात पत्तों के साथ एक गमले में खुद को समेटे हुए। जाने किस तरह जड़ों और तने ने साठ-सत्तर साल से उसे एक साधारण गमले में अँटाया हुआ था। इस बात की कल्पना मात्र से लगा कि जैसे मेरा दम घुट जाएगा।''

यह हुआ पिलखिन उर्फ पाकड़ पुराण। इस बारे में अब अबीर जी को न लिखूँ तो किसे लिखूँ?

7.3.2007

बीकानेर से गिरधारी लालजी व्यास (वयोवृद्ध प्रगतिशील शिक्षक नेता) द्वारा सम्पादित पुस्तक मिली 'मध्याह्न का क्षितिज'। राजस्थान शिक्षक संघ के जोधपुर अधिवेशन में मेरी उनसे मुलाकात हुई थी। विचारों की समानता के कारण दोस्ती भी हुई। 1965 से 1988 तक बीकानेर रहा, नागरी भंडार के सामने भेंट होती थी, जहाँ स्कूल के बाद शाम को उनकी बैठकी नियमित थी। बधाई का पत्र लिखा। यह जीवनी है बीकानेर के प्रसिद्ध समाजसेवी जे. बगरहट्टा की। मूल्यवान पुस्तक है।

27.5.1998

दोपहर संस्कृत में फिल्म 'श्री आदिशंकराचार्य' फिर से देखी। बचपन, माँ, घर, नदी; नदी पर संन्यास की अनुमति माँ की। कर्नाटक, मध्यप्रदेश, उत्तर प्रदेश की यात्रा। हिन्दू धर्मानुयायी होते हुए भी कुमारिल की छद्म रूप में बौद्ध धर्म में उपस्थिति, निष्कासन व आत्मदाह। मंडन मिश्र व उनकी पत्नी से शास्त्रार्थ और दोनों का शंकराचार्य का शिष्य बनना स्वीकार करना। अन्नपूर्णेश्वरी स्तुति। माँ का निधन। जाति से बहिष्कार, फिर भी माँ का क्रिया-कर्म। महाप्रयाण।

मुझे इस फिल्म में दो-तीन शंकाएँ थीं। एक तो यह कि माँ की मृत्यु पर समाज (जाति) द्वारा बहिष्कृत होने पर यह क्यों कहा कि मैं रूढ़ प्रथाओं को (जैसे संन्यासी द्वारा माँ का क्रियाकर्म करने का निषेध) नहीं मानता? पद्मपाद (या मंडन मिश्र या दोनों में एक) को शंकरभाष्य का भाष्य लिखने की अनुमति देने पर अन्य शिष्य नाराज हुए, तब माँ अन्नपूर्णेश्वरी द्वारा आपस में यों लड़ने पर जो फटकार दी थी, उससे हम (और शंकराचार्य स्वयं भी) यह क्यों नहीं सीखे कि शंकराचार्य द्वारा बौद्धों के प्रति जो व्यवहार किया गया था वह भी आपस में लड़ना ही था।

इस लड़ाई के फैलाव से ही बौद्ध धर्म भारत में स्थान नहीं पा सका और यहाँ से ऐसा निष्कासित हुआ कि बर्मा, थाइलैंड, चीन, जापान और तिब्बत तक में स्थान पाता चला गया। तीसरी शंका, इस कारण, यह उत्पन्न हुई कि शंकराचार्य स्वयं इतने ज्ञानी थे तब भी उन्होंने बौद्ध धर्म के गुणों को क्यों नहीं पहचाना? और इन आन्तरिक विग्रहों से व्यथित होकर आत्महत्या के लिए हिमालय की गोद में क्यों समा गए? गीता की सीख लेकर यथाशक्ति 'नष्टोमोह' हो जाते; कर्मभूमि में संघर्ष-कर्म करते हुए लम्बी उम्र तक कर्मरत क्यों नहीं रहे?

4.10.1953

रविवार है। स्कूल की छुट्टी है। कॉलेज भी बन्द है। सोचता हूँ स्कूल की छुट्टी न होती और कॉलेज भी बन्द न होता तो अच्छा रहता। सुबह चार बजे से रात के ग्यारह-बारह तक रहने वाला व्यस्त जीवन कुछ इस कदर आदी हो गया है कि वह शान्त रहना और विश्राम करना चाहता ही नहीं। या यों कहें कि विश्राम पाने का तरीका ही भूल बैठा। स्कूल और कॉलेज आप बन्द कर सकते हैं, लेकिन मस्तिष्क के द्वार बन्द करना हमारी शक्ति से परे है। व्यस्त दिनों में मस्तिष्क को जीवन की हर समस्या पर विस्तार से विचार करने का अवसर ही नहीं मिलता। फल यह होता है कि रविवार को विचारों की समस्त सम्भव श्रृंखलाएँ पूरे छह दिनों का बदला कस कर लेना शुरू कर देती हैं। वर्तमान के आगे और पीछे दोनों ओर का जीवन धीरे-धीरे मानस पटल पर

गुजरता चला जाता है। उस पर गम्भीरता से निदान का विचार करने को विवश हो जाना पड़ता है।

आज भी यही हुआ। मुझे मजबूर होकर विविध समस्याओं पर गहरे विचार करना पड़ा। शाम के पाँच बजने को आए हैं। बहन किसना ने चूल्हे पर शाम का खाना बनाने के लिए देगची चढ़ा दी है। पड़ोसी मित्र कपड़े धोकर इस्तरी करने बैठ गया है। और मैं हूँ कि सुबह का उलझा अभी तक भी सुलझ नहीं पाया हूँ। पिताजी 'बाप' (जैसलमेर) में शिक्षक हैं। माताजी, दादी, बड़ी बहन रामरखी और छोटा भाई रमेश वहीं उनके साथ हैं। सुना है सभी ज्वरग्रस्त हैं। फलोदी में बड़ी माँ (ताई) और बड़े पिता (ताऊ) रहा करते हैं। सात-आठ रोज से उन्हें भी बुखार है। अभी-अभी समाचार मिला कि वे भी पिताजी के पास 'बाप' गाँव चले गए हैं। यहाँ बहन किसना को बुखार ने धर दबोचा था, किन्तु अब वह ठीक है।

सोचता हूँ, मेरा क्या कर्तव्य है? वहाँ मिलने के लिए जाना चाहिए या यहीं रहना चाहिए? यहाँ रहता हूँ तो छुट्टियों में कॉलेज के पुस्तकालय का लाभ उठाकर बहुत-कुछ पढ़ सकता हूँ। वहाँ चला जाऊँ तो उनकी सेवा कर उनके दुखों में हाथ बँटा सकता हूँ। पर एम.ए. की पढ़ाई का लोभ इतना है कि कुछ करते न बनेगा। मुझे याद है, आज से करीब डेढ़ साल पहले मैं वहाँ गया था तब पीछे 'ज्वाला' (साप्ताहिक) की चिन्ता के मारे पूरे हफ्ते भी वहाँ टिक नहीं पाया था। दो-तीन दिन में लौट आया। आज चला जाता हूँ तो कौन जाने टिक सकूँगा या नहीं?

इसी समस्या से लगी-लिपटी कुछ और समस्याएँ भी हैं, जो रह-रह कर काले बादलों के समान घुमड़ी चली आती हैं। हृदय के बोझ को और भी भारी बनाती हैं।

10.1.1955

अपनी सन्तान के प्रति माँ के प्रगाढ़ प्रेम के किस्से तो बहुत पढ़े हैं, किन्तु अचंभित कर देने वाला उदाहरण प्रत्यक्ष देखने को नहीं मिला था। आज अपनी आँखों से देखा कि एक माँ अपने पुत्र के लिए क्या-कुछ करने को आमादा हो सकती है।

फलोदी से छूट कर गाड़ी अभी सिगनल तक नहीं पहुँची थी कि अचानक कोई घटना घटी और गाड़ी थम गई। पता चला कि एक बच्चा आगे-पीछे किसी डिब्बे में बैठा रह गया और उसकी माँ सीटी बजने पर भागते हुए किसी और डिब्बे में चढ़ गई थी। वहाँ अपने बच्चे को न पाकर वह चीखने-चिल्लाने लगी। लोगों ने बहुत समझाया-बुझाया कि कुछ ही समय में अगले स्टेशन पर बेटे से मिलवा दिया जाएगा। बच्चा है तो गाड़ी में ही। गाड़ी दस मिनट में खीचन हाल्ट पहुँच जाएगी। पर गरीब औरत ने एक न सुनी। रोते-तड़पते कहने लगी कि गाड़ी नहीं रुकी तो वह कूद पड़ेगी और तब गाड़ी को रुकना ही पड़ेगा। उसे शायद पता नहीं था कि बिना प्राणों की आहुति दिए भी गाड़ी को रोका जा सकता है।

जब लोगों ने देखा कि वह यों नहीं मानेगी तो जंजीर खींच दी। गाड़ी थम गई। वह हाँफती हुई दौड़-दौड़कर अपने बच्चे वाला डिब्बा ढूँढ़ रही थी।

इसी दौरान एक शर्मनाक बात देखी। रेल में चलने वाले सिपाही, जिनके सिर पर लटकती हुई लाल झालरें किसी पद का ऐलान कर रही थीं, उस विचलित औरत की मदद करने के बजाय उलटे मजाक उड़ाने में लगे थे। कुछ तो गाड़ी चल पड़ने के भय से और कुछ अपने बच्चे को पाने की अधीरता में जब वह दौड़-दौड़ कर किसी डिब्बे के दरवाजे को धकेल कर अन्दर झाँकने लगती तो वे उसका मखौल उड़ाते हुए कहने लगते, ''बस-बस यहीं होगा, हाँ यहीं। फौरन चढ़ जाओ। देखो गाड़ी चल देगी।'' आदि।

पर अपने प्राणों से भी प्यारे बच्चे की खोज में बदहवास उस वत्सल नारी की अधीरता तब तक शान्त न हो सकी, जब तक उसे अपने बेटे वाला डिब्बा मिल नहीं गया।

काश पुलिसकर्मियों ने उस वत्सला माँ की मदद की होती। पता नहीं ये लोग हरदम हृदयहीन क्यों होते हैं।

15.1.1955

घर में एक कम्बल है और दो रजाइयाँ। पढ़ते वक्त ठंड से बचने के लिए कुछ ओढ़ने को चाहिए। कम्बल से काम चल सकता है पर उसे बहन ओढ़ती है।

अपनी रजाई लेता हूँ तो मेरे साथ सोने वाला छोटा भाई ग्यारह-बारह बजे तक जागता कैसे रह सकता है? उसे आठ-नौ बजे ही नींद आने लगती है। इस मुसीबत का हल कम्बल खरीदने में है जो हाल-फिलहाल सम्भव नहीं। और आधे रजाई के भीतर और आधे रजाई के बाहर ठिठुरते पढ़ते रहने के सिवा कोई चारा भी नहीं।

30.1.1955

कहानी, कहानी, कहानी। जीवन का कण-कण कहानी बनकर मस्तिष्क में तैरने लगता है।

15.07.1984

जैसलमेर गया था, निरीक्षण करने। जैसलमेर जिले का प्रभारी था। पोकरण के बाद जैसलमेर तक जितने रेलवे स्टेशन हैं, वे सभी दो-दो गाँवों से जुड़े होने के कारण दो-दो नामों के जोड़े बन गए हैं। जैसे—ओढानिया-चाचा, भादरिया-लाठी, थईयात-हमीरा।

शाम के छह बजे हैं। थईयात-हमीरा स्टेशन का प्लेटफॉर्म छोड़ते ही चढ़ाई आती है। रेल का इंजन ताकत लगा रहा है। डिब्बों में बैठे लोगों को साफ अनुभव होता है कि इंजन जोर लगा रहा है। ट्रेन की चाल बदल जाती है। चढ़ाई की चाल और सपाट जमीन पर दौड़ने की चाल का अन्तर महसूस होता है।

एक नाला आता है, जो सूखा है। इस पर पुल दस-बारह फुट ऊँचा होगा। नाले के किनारे दक्षिण की ओर रेत के टीलों की कतारें हैं और दाएँ उत्तर की ओर मगरा है। मगरा माने पथरीली सपाट जमीन। मगरे पर कंकड़ ही कंकड़ हैं। चिकने कंकड़। उन्हें इधर गुलगुचिया बोलते हैं। गोल, छोटा और चिकना—तीन गुण इस शब्द 'गुलगुचिया' के द्योतक हो सकते हैं। वैसे पत्थर सभी गोल हों ऐसा नहीं है। वे चपटे, लम्बोतरे भी होते हैं। पर किनारे तीखे नहीं होते।

और अधिकांश का आकार गोल होता है। जो चपटे या लम्बोतरे होते हैं, उनके किनारों पर गोलाई होती है। पत्थर सुहावने, सुन्दर होते हैं।

थोड़ी चढ़ाई के बाद रेल की पटरी पर उतार आ जाता है। अब इंजन पर जोर नहीं पड़ रहा। पहले की तरह हाँफता नहीं। पहाड़ियाँ नजर आने लगती हैं। धुँधली आकृतियाँ बताती हैं कि सभी पहाड़ियाँ, पहाड़ियों की श्रेणियाँ, एक नाप की—एक ही ऊँचाई की हैं। सौ–डेढ़ सौ फुट ऊँची होंगी। ऊपरी सिरों पर ये सभी श्रेणियाँ सपाट नजर आ रही हैं। ये भी दाईं तरफ हैं। बाएँ कोई पहाड़ी नहीं है।

दस मिनट बाद रेल लाइन के बिलकुल पास पहली पहाड़ी नजर आती है। पोकरण से थईयात–हमीरा तक सपाट पठारी मैदान था। कंकरीला। बगैर गुलगुचियों वाला। छोटे कंकड़ों से भरा मैदान। कोई आबादी नहीं। कोई वनस्पति नहीं। अब बेर, कैर और आक की झाड़ियाँ शुरू हो गई हैं। खेजड़ी और जाल के कोई पेड़ यहाँ नहीं हैं। सिणियों (लघु–झाड़ियाँ) के बूटे हैं।

23.2.1999

संचार साधनों के सन्दर्भ में 'आलोचना की भाषा' पर दूरदर्शन का कार्यक्रम देखा। संभागी थे–अशोक वाजपेयी, नामवर सिंह और राजेंद्र यादव। संयोजक अजित कुमार थे।

बहस का मुद्दा था भाषा, सरल, सुगम और सुबोध हो कि जटिल और क्लिष्ट ? नामवर ने जोर दिया सरलता–सुगमता पर। राजेंद्र ने भी। किन्तु ऐसा भी कुछ कहा कि विशेष भाव के लिए भाषा भिन्न भी हो सकती है। नामवर ने भी 'गहरा' विचार व्यक्त होने की दशा में भिन्न होने की बात कही। किन्तु अशोक ने स्पष्ट कहा कि सूक्ष्म भाव के लिए भाषा भिन्न होगी, होनी ही चाहिए।

नामवर जी ने अनावश्यक रूप से क्लिष्ट या दुरूह बनाने के बारे में कहा कि आजकल लोग 'डिस्कोर्स' के लिए 'विमर्श' पद का प्रयोग कर रहे हैं, बिना किसी परामर्श के।

अच्छी चर्चा थी।

30.8.1976

रेडियो पर सुना कि बाँग्ला के प्रसिद्ध कवि काजी नजरुल इस्लाम का कल ढाका के एक अस्पताल में निधन हो गया। नजरुल मुझे बेहद प्रिय रहे हैं। कभी उनके गीत और कविताएँ बार-बार पढ़ता था। कैसट पर भी उनकी कविताएँ सुनीं। लम्बी कविता और लोकप्रिय कविता 'विद्रोही' तो मुझे कंठस्थ थी :

बॉलो बीर—
बॉलो उन्नत मम शिर।
शिर नेहारि आमारि
नत शिर ओह शिखोर हिमाद्रीर।
बॉलो बीर।

रिकॉर्ड-प्लेयर लिया तब उनके गीति-काव्य के सस्वर पाठ की एक एलपी खरीदी थी। बाद में कलकत्ता से ऑडियो कैसट मँगवाए। उनमें कुछ पाठ नजरुल के बेटे सव्यसाची के स्वर में थे।

पाँच वर्ष पहले बाँग्लादेश बना तब उस क्रान्ति के नायक शेख मुजीबुर्रहमान ने 'क्रान्तिवीर' नजरुल को कलकत्ता से ढाका बुलवाया। श्रीमती गांधी से बात कर उन्हें वहीं रख लिया। बाँग्लादेश की नागरिकता दी। बाद में नजरुल बाँग्लादेश के राष्ट्रकवि घोषित हुए। उनकी वाणी तो असाध्य बीमारी के चलते बरसों पहले मूक हो चुकी थी। लेकिन उनके विद्रोही काव्य की प्रेरणा बनी रही। बनी रहेगी।

पश्चात्-टीप : हिन्दी में विष्णुचन्द्र शर्मा ने नजरुल की प्रामाणिक जीवनी लिखी है—'अग्निसेतु'। उस पर प्रकाशक से उनका शायद झगड़ा हो गया था। मैंने वह किताब मँगानी चाही। प्रकाशक का नाम पूछा तो उन्होंने कोई उत्तर नहीं दिया। किसी प्रकार वह जीवनी मुझे मिली। हिन्दी में अपने साहित्यकारों की जीवनियाँ नहीं मिलतीं। विष्णुजी ने बाँग्ला महाकवि की जीवनी हमें देकर बड़ा काम किया है। (कोई तीन दशक बाद यह जीवनी संवाद प्रकाशन से फिर छपी।)

17.12.2000

प्रिंसिपल बुधलाल जी ने एक शिक्षक के अपनी पत्नी और अपने पुत्र के साथ विचित्र सम्बन्धों के कई दिलचस्प किस्से सुनाए। एकाध तो उनकी पत्नी के मुख से मैंने बचपन में सुन रखे थे। वे मेरी माँ को सुनाया करती थीं। मुझे इतना ही याद था कि अपनी पत्नी को वे (शिक्षक) आटा कटोरी से माप कर देते थे और फिर पीपे पर ताला लगा दिया करते थे। आज बुधलाल जी ने बताया कि पीपे पर ताला जड़ने से पहले वे आटे पर हाथ की अँगुलियाँ फैलाकर अपनी छाप भी लगा देते थे, ताकि कोई तरकीब से ताला खोल कर आटा निकाल न ले!

आटा गूँधने के लिए पीतल की परात भी नहीं रखते थे, कठौती में गूँधते थे। देगची में दाल हिलाने को कड़छी नहीं रखते थे, लकड़ी का डोला रखते थे। बुधलालजी बालोतरा गए शिक्षक भाई की पुत्री के निधन पर, तब उन्होंने लकड़ी का डोला उपयोग में लेने का 'तत्त्व-ज्ञान' समझाया था।

उनकी कंजूसी के कई किस्से प्रसिद्ध हुए। कमीज वे कभी पहनते नहीं थे, कन्धे पर डाले-डाले ही पूरा गाँव घूम आते। ट्यूशन के लिए उन्हें कई जगह जाना होता था। उसका तत्त्व-ज्ञान यों समझाते कि कमीज पहन लें तो धोनी पड़ेगी। उसके लिए गोरधन (तब एक यही ब्रांड चलन में था) लाना पड़ेगा। उस साबुन पर दो आना खर्च करना पड़ेगा।

ट्रेनिंग में गए तो मैस में भोजन नहीं करते थे (तब 4-5 रुपए माह लगते होंगे)। अपना आटा लाकर रखते। रसोइए के पास जाकर मैस के चूल्हे पर रोटी सेंक लेते और रसोइए से (रोज) दाल माँग लेते। प्रिंसिपल को जब पता चला तो उन्होंने बुलाया उन मास्टरजी को और मैस का सदस्य बनने के लिए विवश किया।

उन्होंने जीवन भर ऐसी कंजूसी की। पत्नी और पुत्रों से दुर्व्यवहार किया, पैसे के प्यार में अन्धे बने रहे। फलतः पत्नी पीहर गें रही और पुत्र से बैर बना। जब ईश्वर को प्यारे हुए तो पुत्र कन्धा देने भी नहीं आया। कैसे-कैसे लोग, कैसे-कैसे किस्से।

24.12.2000

ओम कल जोधपुर में था, फैडरेशन ऑफ इंडियन फोटोग्राफी के सम्मेलन में। शाम वापस दिल्ली गया। दिल्ली से फोन किया कि मेरा बायोडाटा भेजना है, कोई मोदी पुरस्कार समिति माँग रही है। पचहत्तर हजार रुपए का पुरस्कार है। मैंने मना कर दिया। मुझे इस पंक्ति में खड़ा न करो।

5.1.2001

हृदय रोग 1983 से है। पर अब एंजाइना ज्यादा कष्ट देने लगा है।

31.7.1978

कृष्णकुमार शिक्षक ही नहीं, मौलिक चिन्तक और लेखक भी हैं। आज उनकी पुस्तक 'राज, समाज और शिक्षा' (मैकमिलन) पढ़ रहा हूँ तो लगता है किसी नए जीवन में प्रवेश कर रहा हूँ। इतनी ताजगी शिक्षा सम्बन्धी लेखन में नहीं देखी। यदा-कदा पत्र-पत्रिकाओं में शिक्षा पर जो लेख होते हैं, वे रूखे-सूखे, पाठ्य-पुस्तकीय ही होते हैं। वास्तविक समस्याएँ वे नहीं देखते, न नई दृष्टि से नए-नए प्रश्न उठाकर उनका विश्लेषण करते हैं। लगता है उन्होंने देशी-विदेशी किसी श्रेष्ठ शिक्षा साहित्य को रुचि लेकर न गहरे पढ़ा, न सोचा। कृष्णकुमार ने यह किया है। उन्हें शिक्षा शास्त्र के अर्वाचीन-प्राचीन सभी पक्षों का अच्छा ज्ञान है। इसकी कुछ जानकारी, पुस्तक न भी पढ़ें तो, अन्त में दी गई 'अनुक्रमणी' से मिल जाती है। पुस्तक पढ़ना तो सर्वथा नया अनुभव है ही।

जब से 'दिनमान' में शिक्षा पर उनके लेख मैंने पढ़ने शुरू किए, सदा यह लगा कि उनके लेखन की विशेषता ही है मौलिक विचारमूलकता। वे ऐसे विषय उठाते हैं विचार के लिए जो या तो रूढ़ हो चुके हैं, या किन्हीं अन्य कारणों से पुनर्विचार माँगते हैं। विषयों का वे गहरा विश्लेषण करते हैं। नई

दृष्टि से उन पर खुद विचार करते हैं और पाठकों को भी विचार करने की प्रेरणा देते हैं। मध्यवर्गीय माता-पिता और शिक्षकों के प्रश्न 'तुम क्या बनोगे ?' के उत्तर की तलाश कुछ ही वर्षों में, उसकी महत्त्वाकांक्षा का प्रतीक बनने की जगह, बच्चे की कुंठा बन जाती है। इस कुंठा से बचपन के सारे अनुभवों और प्राकृतिक गुणों का स्रोत सूख जाने के कारण वह वयस्क बनने से पहले अपने बचपन से ही कट जाता है।

किताब में यूनीफॉर्म, कक्षा का ढाँचा, शिक्षा और विषमता, स्कूलों का शासनतंत्र, पाठ्य-पुस्तकें, बाल साहित्य, स्कूलों में प्रार्थना, खिलौने, कुपोषण आदि विषयों के साथ-साथ बच्चों के लालन-पालन व शिक्षा में समाज और राजनीतिक सत्ता की भूमिका की भी अच्छी पड़ताल की गई है। 'तुम क्या बनोगे ?' यह सवाल किताब, क़क्षा या घर में लगभग हर बच्चे से पूछा जाता है और इसके जवाब में उसे बड़े राजनेताओं के नाम रटा दिए जाते हैं।

कृष्णकुमार के अनुसार बच्चों पर अध्यापकों और अभिभावकों के नियंत्रण का यह प्रचलित माध्यम उनकी कल्पना पर ऐसे चरित्रनायक हावी कर देता है, जिनका कार्यक्षेत्र राजनीतिक रहा हो। 'यदि मैं प्रधानमंत्री होता' जैसे विषयों पर निबन्ध लिखने को कहकर अध्यापक बच्चे की बड़प्पन की एक अत्यंत सीमित धारणा पोसने को विवश कर देता है।

19.1.1992

आज राजकमल प्रकाशन से 1990 में प्रकाशित 'राज, समाज और शिक्षा' पुस्तक का नया संस्करण हाथ आ गया। मुझे याद है 1978 से इस पुस्तक ने शिक्षा की बहसों को एक नई शब्दावली ही नहीं, नई अर्थवत्ता भी दी। शिक्षा को प्रो. कृष्णकुमार ने बहुत व्यापक अर्थ में लिया है, जिसमें बच्चों के लालन-पालन से लेकर उन्हें सामाजिक मूल्यबोध देने वाली अनेक सूक्ष्म प्रक्रियाएँ शामिल हैं।

संस्करण में कुछ नए अंश जोड़े गए हैं। जैसे 'नई' शिक्षा नीति की एक बहुप्रचारित योजना की समीक्षा 'शिक्षा और विषमता' अध्याय में है। 'शिक्षा में हस्तक्षेप' नाम का नया अध्याय 'परिशिष्ट' में दिया गया है। इसमें उन्होंने

कहा है—"आज की जरूरत यह है कि हम शिक्षा का राजनैतिक सन्दर्भ पहचानें और राजनीति की पुनर्रचना में शिक्षा की भूमिका तय करें।"

तीसरे अध्याय में 'नई' शिक्षा नीति की समीक्षा करते हुए लिखा है कि प्रस्तावित नवोदय विद्यालयों में प्रतिभावान ग्रामीण छात्रों को दाखिल करना है, लेकिन इसमें सैद्धांतिक कमजोरी यह है कि प्रतिभा की भरोसेमन्द पहचान बचपन में करना बहुत कठिन काम है। यदि हम ऐसा करते हैं तो प्रतिभा की एक रूढ़ सीमित धारणा लेकर चलते हैं, क्योंकि मनोविज्ञान अभी ऐसे निष्कर्षों से कोसों दूर है कि किस रूप को कब पूरी तरह पहचाना जा सकता है।

नए संस्करण में पता नहीं क्यों 'अनुक्रमणी' नहीं है, जो 'मैकमिलन' वाले संस्करण में थी।

8.9.2001

'स्टेट्समैन' में एक मजेदार खबर छपी है। केन्द्रीय मंत्री मुरली मनोहर जोशी ने कल एक वक्तव्य में कहा था कि विश्वविद्यालयों में ज्योतिष शास्त्र पहले से पढ़ाया जाता रहा है, अर्थात् अब वे लागू करते हैं तो क्या नई बात है। देश के प्रसिद्ध वैज्ञानिक प्रो. पुष्पमित्र भार्गव ने मंत्री के इस वक्तव्य को सर्वथा असत्य और हास्यप्रद बताया। मंत्री महोदय ने कहा कि यह विषय कला पाठ्यक्रमों में पढ़ाया जाएगा सभी विश्वविद्यालयों में। प्रो. भार्गव का कहना है कि ज्योतिष-शास्त्र में न तो ज्ञान है और न इसका सत्य से कोई सम्बन्ध है। मात्र पैसे की बरबादी है। इसे कदापि नहीं पढ़ाया जाना चाहिए।

डॉ. भार्गव (73) देश की आधुनिक बायोलॉजी और बायोटेक्नोलॉजी के निर्माता माने जाते हैं। सेंटर फॉर सेल्युलर मॉलिक्यूलर बायोलॉजी को स्थापित करने वालों में उनका अग्रणी स्थान है।

(इन्हीं डॉ. भार्गव ने 2015 में स्वातंत्र्यचेता आवाजों को कुचलने वाली असहिष्णु गतिविधियों के प्रतिरोध में अपना पद्मभूषण लौटा दिया। अगस्त, 2017 में उनका निधन हो गया)

08.3.1997

ओम शर्मा ने बहुत प्रगति की है, बहुत अच्छे व्यंग्य लेखक बन गए हैं। पहली बार मुझे न्यू कॉलोनी जयपुर में याज्ञवल्क्य गुरु के घर मिले थे। उसके बाद तो कई बार मिले। 'राजस्थान पत्रिका' में 'बात करामात' नाम से व्यंग्य स्तम्भ उन्हीं की देन है। हँसमुख, मिलनसार हैं। हमारी अच्छी दोस्ती हो गई थी। आज उन्हें पत्र लिखा कि आपके दिमाग की दाद हम पहले भी देते आए हैं, अब फिर देनी पड़ेगी। बम्बई से प्रकाशित होने वाला 'महानगर' (साप्ताहिक) मैं बराबर पढ़ता हूँ। 26 फरवरी वाले अंक में भी स्तम्भ पढ़ा और आनन्द लिया। आज जो टिप्पणी पढ़ी 'सरकार काला बाजार में', तो पत्र लिखकर आपकी कलम की करामात की जय बोलने को मन हुआ।

24.9.2012

अनिलजी का जाना सालता है। इन्हें गए आज तीन हफ्ते हो गए। मित्र तो थे ही, शिक्षाविद् भी थे। रोजगार में अधिकारी थे।

शिक्षा सचिव रहे। नवाचारों पर बल दिया। नई शिक्षा नीति बनवाई। सेवा-निवृत्त हुए तो राजस्थान में एक स्वायत्तशासी अभियान 'लोक जुम्बिश' शुरू कर दिया। उससे मुक्त हुए तो एक स्वयंसेवी संस्था किशोर-किशोरियों की शिक्षा के लिए बना दी—'दूसरा दशक', दस वर्ष से ऊपर के बच्चों-किशोरों के लिए जो शिक्षा से वंचित रह गए।

इक्कीसवीं सदी में भी ऐसे शिक्षकों-शिक्षाशास्त्रियों की कमी नहीं जो इतिहास-बोध से अनजान हैं और पुराणबोध से चिपके हैं। बोर्दियाजी इस मामले में अपने समय की आवश्यकता—अपेक्षा भी जानते थे और शाश्वत को भी नजरअन्दाज नहीं करते थे। शाश्वत के नाम से पुराणपन्थ और रूढ़िवाद उन्हें कभी आकृष्ट नहीं कर सका। बल्कि इन दोनों से वे अपना पल्लू बचाकर चले।

16.12.2012

जुगलबन्दी सुन रहा था डॉ. एम. बालमुरलीकृष्ण तथा पं. अजय चक्रवर्ती की। राग ललित, पीलू, हँसध्वनि और भैरवी—घंटे भर तक। राग हँसध्वनि में सुना 'बनमाली मधुरं गायति' तो सवाल उपजा कि मैं 'गायति' सुन रहा हूँ या 'गायते'। सोचा, कक्षा नौ में संस्कृत पढ़ती है पौत्री कीर्ति, उसी से पूछा जाए। उसने बताया—'गायते' होता है। पछतावा होता है कि मैं भी संस्कृत विधिवत सीखा होता तो कितना अच्छा होता!

24.3.1986

किसने संस्तुति की होगी, पता नहीं। शिक्षा में लेखन-सम्पादन के लिए जयपुर में राज्यपाल सम्मानित करेंगे। क्या मुझे वहाँ कुछ बोलना भी होगा? और लोग भी तो सम्मान पा रहे होंगे? शायद बोलना न पड़े। बोलना पड़ा तो? अजीब दुविधा है। कुछ बिन्दु सोचने लगा।

— शिक्षक बच्चों को फिर से देखें, अपने काम को देखें, विचार करें! अपने हालात को समझने की कोशिश करें। अन्तर्दृष्टि पैदा करें।

— माँ-बाप और समाज के सभी लोग शिक्षा के स्वरूप पर लगातार विचार करने की आवश्यकता को पहचानें।

— शिक्षक से समाज यह अपेक्षा करता ही नहीं है कि शिक्षा-प्रणाली पर कभी पुनर्विचार भी करे। इसी कारण शिक्षा-नीति बदलती नहीं है, बदलने की शक्ति प्राप्त ही नहीं कर पाती है।

— शिक्षा पर विचार-पुनर्विचार के कोई माध्यम ही नहीं हैं, लगातार विचार की परम्परा ही नहीं है। मुश्किल से हम शिविरा-नया शिक्षक पत्रिकाएँ सरकार के भीतर रहकर निकाल सके। गुजराती में गैर-सरकारी स्तर पर एक-दो अच्छी पत्रिकाएँ हैं। सरकारी स्तर पर असम, उत्तर प्रदेश और केन्द्र सरकार पत्रिका निकालते हैं, जो अनमने भाव से निकलती हैं। उनका अपना कोई पाठक समुदाय भी नहीं। बंगाली,

उड़िया और मलयालम में शिक्षक संघों की एक-एक पत्रिका निकलती है। गैर-सरकारी स्तर पर कुछ अंग्रेजी पत्रिकाएँ जरूर हैं। बस। इतना बड़ा देश है। विशाल पाठक-समुदाय वाले दो-चार शैक्षिक साप्ताहिक और दस-बीस मासिक तो हों।

— बच्चों के भविष्य की फिक्र किसे है? जबकि उनकी फिक्र हमें पहले करनी चाहिए।

— शिक्षा बिना उन्नति नहीं। संकीर्णता, रूढ़िवाद, आर्थिक शोषण और राजनीतिक विकारों के बढ़ने का खतरा है।

अच्छा हुआ। बोलना ही नहीं पड़ा। ताम्रपत्र आदि लेकर लौट आए। कौन सुनता शिक्षा की चिन्ताएँ।

24.12.1994

एक लेख लिखना है, जिसमें शिक्षकों की एक विशेष भूमिका की चर्चा करनी है कि वे अन्धविश्वास को दूर करना अपने शिक्षण कार्य का अंग बनाएँ, इस तरह कि वह एक 'अभियान' बन जाए। जो सर्वथा अनौपचारिक हो और पाठ्यक्रमेतर हो। कभी ढोंगी भविष्यवाणियों से बचने का कहें बच्चों से, कभी किसी खबर से प्रसंग उठाकर (गाँव, शहर, देश, विदेश का) या कोई भी अवसर का सन्दर्भ पाकर अन्धविश्वास के नुकसान को समझाएँ। कई ज्योतिषी तरह-तरह की भविष्यवाणियाँ किया करते हैं, लेकिन सवा सौ आदिवासी नागपुर की भगदड़ में मर जाएँगे, यह भविष्यवाणी किसी ज्योतिषी ने नहीं की! एक व्यक्ति के सुख-दुख का तो उन्हें सच्चा-झूठा 'पता' चल जाता है, लेकिन मेलों, रेलों या वायुयानों की दुर्घटनाओं में सैकड़ों लोगों का अन्त हो जाएगा यह पता नहीं चलता। क्या सभी की कुंडली एक जैसी होती है? ऐसे क्या-क्या उदाहरण हम दे सकते हैं। कोई परदेस जाता है तो एक का मुहूर्त आठ बजे का, दूसरे का बारह बजे और तीसरे का एक बजे का निकालता है। तीनों उसी वायुयान से जाते हैं। परन्तु सभी की मृत्यु एक ही समय किसी दुर्घटना में हो जाती है कि नहीं?

27.8.2010

हर्ष मन्दर अक्सर 'हिन्दू' में लिखते हैं। 'भास्कर' में भी उनके लेखों के अनुवाद छपते हैं। आज 'किसान की कहानी' लेख छपा है। हर्ष देश की अछूती समस्याओं पर ध्यान देते हैं। गुजरात के दंगों पर उन्होंने जितना लिखा है, उतना कम लोगों ने लिखा होगा। गुजरात में वे अधिकारी भी रहे हैं। साम्प्रदायिक ताण्डव देखा तो नौकरी छोड़ दी और तब के दारुण दृश्यों को लेखों में बयान करने लगे। आज के लेख में नरेन नाम के अपने मित्र और नरेन की पत्नी उमा के प्रयत्नों की कहानी कही है। नरेन किसी बैंक की अच्छी नौकरी में थे। उन्होंने किसानों को आत्महत्याएँ करते देखा। नौकरी छोड़ खुद किसान बन गए, किसानी का अनुभव लेने को। उन्हीं अनुभवों का चित्रण उन्होंने एक पुस्तक में किया है—'डिलेमाज इन एग्रीकल्चर : अ पर्सनल स्टोरी'। बरखा-मेघा (मेरी पौत्रियाँ) को इन अनुभवों को सार पत्र से भेजता हूँ। नई पीढ़ी को इस समस्या को नरेन व उनकी पत्नी के संघर्ष के जरिए देखने-समझने में मदद मिलेगी।

11.9.2010

सुबह दस बजे डी.डी. भारती के कार्यक्रम 'किताबों की दुनिया' में डॉ. विश्वनाथ त्रिपाठी ने बताया कि उन्होंने निराला पर संस्मरण लिखे थे। वे मार्क्सवादी हैं, पर मानते हैं कि सच्चे रूप में राष्ट्र के प्रति प्रेम रखना चाहिए। 'कुछ कहानियाँ : कुछ विचार' (राजकमल) पर बात करते हुए उन्होंने कहा कि अमरकांत, कृष्णा सोबती, रेणु, ज्ञानरंजन, शानी, उदयप्रकाश और परसाई में व्यंग्य पैदा होता है विषमता से। व्यंग्य विलोम है सुषमा का। व्यंग्य है अतिरेक—सरप्लस। मार्क्स ने भी सरप्लस का सिद्धान्त दिया है। परसाई ने अतिरेक पर इतराने पर आघात किया है। परसाई की आवाज नैतिक आवाज है। चित्रात्मकता या बिम्बधर्मी विधा क्या विचार को दबाती है? हाँ, दबाती है। बिम्ब या चित्र आपको सीमित भी कर देते हैं। अतीत बनाम वर्तमान की चर्चा उन्होंने की। धर्म के बाह्य (कर्मकांड) पर तुलसी व कबीर ने आक्रमण

किए हैं, अन्तरंग (सत्य, प्रेम, करुणा) पर नहीं। इतिहास को वर्तमान की और वर्तमान को इतिहास की आँखों से देखना चाहिए।

12.4.2013

पीयूष दईया मेरे मित्र पूनम दईया के पुत्र हैं। पिता लेखक थे। पीयूष भी कविता करते हैं। अपना कविता-संग्रह 'चिह्न' (वाणी प्रकाशन) मुझे प्रतिक्रिया के लिए भेजा है। उसे प्रतिक्रिया देनी होगी कि तुम मौलिकता और नवीनता के मोह में और उत्तर आधुनिकता के प्रभाव में अपना नुकसान तो नहीं कर रहे हो ? प्रयोगशीलता में भी बेतुकेपन से बचना चाहिए। अनुभव और अध्ययन की तो तुम में कोई कमी नहीं। एक अनावश्यक रहस्यमयता जरूर रंग लेती लगती है।

पुस्तक का टाइटल भी 'चिह्न' देने में सृजनात्मकता कुछ इतने ऊँचे स्तर की है कि लगता है 'शून्य' लिख कर 'ब्रह्मांड' का भाव सम्प्रेषित कर डालने का लक्ष्य प्राप्त कर लिया। कविताओं में जैसे टुकड़ों-टुकड़ों में रचना करके 'मर्मभेदी सूक्तियाँ' देने का भ्रम पाला है, वैसे ही 'चिह्न' नाम देकर कोई बड़ा शीर्षक देने का भ्रम हुआ होगा। ऐसा मत करो मेरे भाई! सृजन करो। ऐसी सर्जना जो सामान्य-असामान्य पाठकों को कुछ सम्प्रेषित करे।

प्रतिक्रिया तो यही है। पर लिखकर भेजूँ या नहीं ? बुरा तो नहीं मानेगा ?

10.9.2011

रामकुमार कृषक को लिखना है कि 'अलाव' में अपने सम्पादकीय में जो परिचय दिया है विष्णुचंद्र शर्मा और डॉ. रेवतीरमण का, वह स्वयं अपनेआप में सृजनात्मक कृति हो गया है। दो पैराग्राफ हैं दो लेखों पर और दोनों का एक-एक शब्द अर्थवान। उत्कृष्ट अभिव्यक्ति है। दोनों लेख तो शानदार हैं ही।

24.12.2002

ठंड बहुत है। भोर में कोहरा भी था। ओम की मम्मी उर्फ एमी—सैर पर नहीं चलीं। मैं भी देर से गया। नौ बजे। राणीसर तालाब के पास, राई का बाग वाली सड़क पर, किसी ने पास आकर नमस्कार किया और बोला—आपके पाँव से खून रिस रहा है। देखा, दायाँ पाँव अँगुलियों के बीच सचमुच खून से सना था। अस्पताल गया। डॉ. बोहरा अकेले बैठे थे। उन्होंने नर्स को पट्टी करने को कहा। नर्स ने एक अँगुली पर रुई फिरा कर (कोई खास धोया-पोंछा नहीं) पट्टी बाँध दी और मुझे रुई पकड़ा कर कहा कि दूसरी अँगुली पर लगे खून को मैं साफ कर दूँ। खून जम रहा था। उसमें कुछ पोंछा गया, कुछ नहीं पोंछा जा सका। मैंने कहा, 'कहीं घाव इस अँगुली पर तो नहीं है?' बोली, 'नहीं, छिला हुआ था, ठोकर आई होगी, पट्टी बाँध दी है।' डॉक्टर से फिर मिला और अपना रक्तचाप दिखाया। 170/120; कुछ ज्यादा ही था। टैक्सी से घर आ गया।

घर आने के बाद दिलचस्प घटना घटी। शिवप्रकाश (मेरा भानजा जो उसी अस्पताल में है) को मुरारी (छोटा पुत्र) ने फोन कर दिया। उसने आकर पट्टी खोली। सभी अँगुलियाँ साफ कीं। तब पता चला कि पट्टी जिस अँगुली पर बाँधी गई थी, उस पर तो कोई घाव था ही नहीं। घाव उस अंगुली पर था, जिसका खून साफ करने को नर्स ने मुझे रुई दी थी। पता नहीं कैसे छाला हो गया, अँगुलियों की आपसी रगड़ से। वहीं कुछ कट गया और कोल्सप्रिन लेता हूँ तो उसके कारण खून पतला होकर बहने लग गया। बन्द होने में वक्त लगा।

शिवप्रकाश ने फोन पर अन्य डॉक्टर से बात करवाई। मैंने बाइपास रक्तचाप और मधुमेह की दवाइयों और सुबह की सैर के दौरान पाँव में हुए घाव की कहानी बता दी, सिवाय नर्स की लापरवाही के किस्से के।

उन्होंने सुबह की दवा तो उतनी ही रखी है, शाम की आधी कर दी और कोल्सप्रिन दो-चार दिन बन्द रखने को कहा है।

4.5.2012

पड़ोसी का बड़ा पुत्र आया। उसके पिता इलाज के लिए मुंबई गए हैं। उनका हाल जाना। छोटे भाई की पत्नी पीहर गई है। उसकी समस्या पर बात

हुई। डॉक्टर अवसाद बताते हैं। यह बड़ा भाई जाकर छोटे भाई के साले से मिला था। साले ने बताया कि हीमोग्लोबिन बारह है और कहने लगा बेचारी (बहन) कमजोर है। बड़े भाई ने बताया, उससे रहा नहीं गया। बोला, अपनी बहन को 'बेचारी' कहकर आप हमारे घर के मामलों में दखलंदाजी कर रहे हैं। वह हमारे घर की बहू है, हमारे घर के वातावरण के अनुसार ही रहेगी। हमारे घर में उनको कोई तकलीफ नहीं है। कोई कमी भी नहीं है। काम करने वाली अलग हैं, जो काम करती हैं। पैसे की कमी नहीं है। सब आराम है। फिर अवसाद कैसे हो सकता है? मैंने इस किस्म की उसकी तमाम बातें इत्मीनान से सुनीं। जब उठने को हुआ, तब उसे एक बात कह ही दी—कभी किसी से यह क्यों कहो कि हमारे घर में दखलंदाजी न करो? यह दखलंदाजी नहीं है, संवाद है। बहू अपने सुख-दुःख की बात अपने भाई से नहीं कहेगी तो किससे कहेगी? और उसका भाई उसके स्वास्थ्य के बारे में हमसे बात न करेगा तो किससे करेगा? बात का रास्ता कभी बन्द नहीं करना चाहिए।

3.5.2004

प्रभाकर श्रोत्रिय और ज्योति जी घर आए नाश्ते पर। लगा अशोक वाजपेयी से नाराज हैं। हिन्दी में यह राग-विराग बहुत है। अशोक जो अच्छा लगे लिख देते हैं। पर लोगों की बेचैनी बढ़ा देते हैं। शायद किसी आयोजन पर अपने स्तम्भ 'कभी-कभार' में कोई टिप्पणी की होगी। श्रोत्रिय 'ज्ञानोदय' के सम्पादक होने के साथ भारतीय ज्ञानपीठ के निदेशक भी हैं। मैंने कहा, 'लक्ष्मीचन्द्रजी (जैन) का जिम्मा आपके कन्धों पर है। आलोचना से तो बल मिलता है। आलोचना तो कभी कहीं राजकिशोर ने भी की है। जहाँ तक ज्ञानोदय की बात है, लगता है कोलकाता रहते वागर्थ जो निकाली वह ज्यादा असरदार थी। हाँ, इधर के अंक नहीं देखे, क्योंकि आँखों का ऑपरेशन होना था। अब नई आँखें मिल गई हैं तो पढ़ूँगा, फलोदी से पत्र लिखूँगा।' उन्होंने कहा, ज्ञानोदय को दरअसल ऐसा रूप देने की कोशिश कर रहे हैं कि सामान्य पाठक भी जुड़े, पठनीयता का विस्तार हो।

उन्होंने प्रस्ताव रखा कि 'ज्ञानोदय' के लिए शिक्षा पर 'पंचायत' के एक संवाद का जिम्मा मैं ले लूँ। मैंने विनम्रता से मना कर दिया। मुझे अपनी कंदरा में ही रहने दें। बोले, सिर्फ भाग ले लीजिए। हाँ–ना कहकर मैंने बात आगे नहीं बढ़ाई। ज्योति जी से बात की। उन्होंने बताया कि जब–तब वे भी लिखती हैं। पत्रिकाएँ खूब पढ़ती हैं। उनका ठहाका खूब है।

20.5.2004

सुबह–सुबह बिज्जी (विजयदान देथा) का फोन आ गया। स्नेह–भरी वही अक्खड़ आवाज—संस्मरण लिखने शुरू किए कि नहीं? मैंने कहा—लिखूँगा। आँखों का इलाज हुआ है। फिर उसने कोमल (कोठारी) के जाने की बात अलग पहलू से की। बताया कि वह आखिरी समय पन्द्रह दिन तक अचेत रहा।

जोधपुर–बोरूँदा, रूपायन–प्रेरणा की कितनी स्मृतियाँ इस बातचीत के बाद मन में घुमड़ आईं। कोमल के साथ 'प्रेरणा' के प्रेमचन्द के पात्रों पर केन्द्रित अंक पर हम लोगों ने कितना परिश्रम किया था।

29.3.2004

दोपहर विष्णु खरे का फोन आया। आँखों का हाल पूछा। मैंने बदलाव की जानकारी दी। वे बोले कि आँखों में पानी की अनुभूति सामान्य बात है, उनकी आँखों में महीने भर पानी आता रहा था। भले ही पढ़िए अखबार, टीवी देखिए। आँख अपना काम करती रहेगी। फिर उन्होंने पूछा कि विजन? मैंने बताया, एकदम साफ है। जो पास से नहीं दिखाई देता था, अब दूर से दीख जाता है। अखबार के बारीक अक्षरों में भी दिक्कत नहीं है। फिल्म देखने लगूँगा, तब आपकी 'डर' वाली वीसीडी इस दफा एमी को भी दिखाऊँगा और बताऊँगा कि देखो खरेजी कविता में तो कहते हैं डर, और सामने कहते हैं डर मत। सुनकर हँस दिए। मैंने उनका आभार माना कि उन्हीं के सुझाव पर आँखों का इस तरह कायाकल्प हो गया, जो कभी सोचा न था।

4.6.2010

सुबह साढ़े सात बजे दूरदर्शन पर आज प्रो. यशपाल ने एक बहुत महत्त्वपूर्ण बात कही कि प्राय: लोग समझते हैं आँख तो दिमाग का कैमरा मात्र है। हकीकत में वह कैमरा नहीं है। वह दिमाग की आँख है। वह दिमाग को दुनिया देखने में मदद करती है, गहरे—बहुत गहरे—देखने में। कैमरा यह काम नहीं कर सकता।

5.4.2013

दिन में कई बार रुलाई फूटी। दोहिती मानपरी जब चार माह की थी, तब से उसे पाला है। गोद में थी तब इसके पिता—हमारे दामाद—चल बसे। वह अब पच्चीस बरस की है। बी.ए. में सप्लीमेंटरी आ गई एक विषय में। इतिहास के दो पेपर देने हैं। पास कर ले तो बी.ए. हो जाएगी। टीवी की खबरों को ध्यान से सुनती है, दो हिन्दी तथा एक अंग्रेजी दैनिक रोज पढ़ती है। इंडिया टुडे (हिं.), शुक्रवार, प्रथम प्रवक्ता, तहलका, पब्लिक एजेंडा तथा जनसत्ता भी बराबर देखती है। इनमें कुछ न कुछ तो पढ़ती ही होगी। राजनैतिक घटनाओं का ज्ञान है। टीवी पर फिल्मों और धारावाहिकों पर भी नजर रहती है। क्रिकेट में भी रुचि लेती है। लेकिन कभी-कभी, महीने में एकाध बार, भावात्मक रूप से बेहद कमजोर हो जाती है। अक्सर मामूली-सी बात पर, जिसका कभी हमें अनुमान हो जाता है, कभी कुछ समझ नहीं आता। कभी उसका सिसकना पूरे दिन, कभी अगले दिन तक चलता रहता है। कभी जल्द, उसी रोज, सहज स्थिति में आ जाती है। हँसना-बोलना सब स्वाभाविक हो जाता है। बहरहाल, मुझे रोना इस बात पर आया आज कि इतने बरस हमारे सम्पर्क में रहकर, इतना पढ़ते हुए भी नाराजगी को शब्दों का रूप क्यों नहीं दे पाती है? बोलकर बताती क्यों नहीं कि वह नाराज क्यों है, किससे या किस बात पर। दिन भर आज इसी बात का बड़ा दुख रहा।

6.7.2013

एक भूल हो गई। मुरारी ने एक घटना सुनाई। मुझे उसमें तीव्र असहमति का स्थल नजर आया। उस वक्त कुछ रिश्तेदार आए बैठे थे। मैंने उनकी उपस्थिति में ही मुरारी को टोक दिया। हुआ यह कि मुरारी ने गाँवों के दौरे में एक जगह देखा एक कार्यालय के अधिकारी जूता पहने भीतर आ जाने वालों से पचास रुपए का जुर्माना वसूल करते हैं। मुरारी से भी बोले, जूते बाहर उतारो। वरना पचास रुपए देने होंगे। और उन्होंने पचास रुपए का एक नोट लहरा कर दिखाया कि देखो, आज ही वसूल किए हैं!

मुरारी ने इस घटना की तारीफ करते हुए बोर्दियाजी को याद किया कि वे भी कहा करते थे जब अन्य सब लोग किसी कमरे में जमीन पर बैठे हों, उस घड़ी जूता पहने प्रवेश करना ठीक नहीं। इस बात को याद करते हुए मुरारी ने प्रकरण को परिपुष्ट किया और अपने फेसबुक पन्ने पर लिख डाला कि उसके दफ्तर में भी जूता पहने कोई नहीं आता है।

जो हो, मुझे अपनी असहमति आगंतुकों की उपस्थिति में व्यक्त नहीं करनी चाहिए। पता नहीं मुरारी को कैसा लगा होगा। बुरा नहीं माना, यह तो नजर आ रहा था। मेरा कहना यह था कि जुर्माना अपने आप में बुरी बात है। तुम्हारे यहाँ भी जूते उतरवाना उचित नहीं। बोर्दियाजी की अपेक्षा शायद कमरे में दरी पर बैठे लोगों के कारण थी। तुम लोगों की, किसी भी दफ्तर में टेबल- कुर्सी पर बैठे लोगों की, पब्लिक डीलिंग है। जहाँ फर्श पर कोई कक्षा न लगी हो या कोई बैठक न हो रही हो, और कार्यालय वाले टेबल-कुर्सी पर विराजमान हों, वहाँ ऐसा करना उचित नहीं। तुमने उसका समर्थन किया, यह अच्छा नहीं किया।

1.8.2013

'शुक्रवार' ने ताजा अंक मिड-डे-मील पर केन्द्रित किया है। 'दोपहर का जानलेवा भोजन' नाम से नरेन्द्र कुमार वर्मा ने आवरण कथा लिखी है। वे कहते हैं कि देश की कुपोषण समस्या को दूर करने के लिए और गरीब बच्चों को शिक्षा के प्रति आकर्षित करने के लिए लागू की गई इस योजना के सिलसिले

में एक याचिका दायर हुई थी। याचिका पर 23 नवंबर, 2004 को सर्वोच्च न्यायालय के न्यायमूर्ति वाई.के. सब्बरवाल और एस.एच. कपाड़िया ने फैसला देते हुए कहा कि "केन्द्र शासित राज्यों और सभी राज्यों के सरकारी स्कूलों में पढ़ने वाला हर बच्चा 'दोपहर का भोजन' योजना के तहत पका हुआ भोजन पाने का अधिकारी है, उसे यह भोजन उपलब्ध कराया जाना चाहिए।"

इस योजना के क्रियान्वयन प्रबन्धन और निगरानी के लिए अदालत ने केन्द्र सरकार को जिम्मेदारी सौंपी। सर्वोच्च न्यायालय के फैसले में इस काम के लिए बाकायदा एक आहार तालिका का भी उल्लेख किया गया था। न्यायालय के आदेश के बाद केन्द्र सरकार ने 'दुनिया की सबसे बड़ी मध्याह्न भोजन योजना' को देश के 12 लाख 12 हजार विद्यालयों में 11 करोड़ 30 लाख 60 हजार बच्चों के लिए लागू किया। नामांकन संख्या बढ़नी शुरू हो गई। दुख की बात यह है कि इसमें अरबों रुपए का नहीं, बल्कि खरबों रुपयों का 'खेल' है। राजस्थान में इस पर शोध करने वाली डॉ. सविता कौशल की रिपोर्ट बताती है कि राज्य में इस योजना से न तो अध्यापक सन्तुष्ट हैं, न ही छात्र और अभिभावक।

17.2.98

बकुल नाम के फूल की झाड़ी भी होती है या केवल पेड़, फूल छोटे होते हैं या बड़े, यह दुविधा वर्षों से सुलझ नहीं पाई है। दुविधा पैदा यों हुई कि 1958–59 में मैंने हैदराबाद में एक झाड़ी देखी थी। उस पर बड़े फूल थे। फिर बीकानेर में रहा, तब मेरे दफ्तर के पास कॉलेज में वहाँ के बागबान ने एक पेड़ बताया और कहा कि यह बकुल है। उस पर जो फूल थे, वे बहुत छोटे थे। मुझे किसी ने कहा कि चित्तौड़गढ़ के किले में पद्मिनी के महल के पास जो पेड़ है, वह भी बकुल का पेड़ है। वहाँ के कॉलेज के प्रिंसिपल मेरे मित्र हैं। उन्हें लिखा कि बताएँ उसके फूल छोटे हैं कि बड़े। वे गए। फिर बताया कि उन्हें तो वहाँ कोई फूल नजर नहीं आया। बीकानेर वाले पेड़ के छोटे फूलों में कोई खास सुगन्ध नहीं है। जबकि हैदराबाद के बड़े फूलों की महक पर मैं इतना मुग्ध हुआ था कि जितने महीने वहाँ रहा, रोज दो–चार फूल एक मित्र

के जरिए मँगाता रहा। कभी एक विश्वसनीय मित्र के जरिए बकुल का इत्र भी लाया, जो शीशी सहित रुई में लिपटा एक प्लास्टिक की डिब्बी में बरसों मेरे सूटकेस में रखा रहा। कालान्तर पता नहीं कैसे इत्र शीशी से निकल कर रुई में समा गया। जो हो, अभी भी कभी-कभी उस रुई की महक ले लेता हूँ। न शीशी फेंकी है, न रुई।

कुछ लोग कहते हैं बकुल का ही दूसरा नाम मौलसिरी है। कभी कोई जानकार मिलेगा तो पता करूँगा।

20.3.98

व्यथित हूँ कि आज लोगों को विचार के लिए वक्त नहीं है, या यों कहें कि लोगों के जीवन में विचार की जगह ही नहीं है। शायर शीन काफ निजाम ने हाल ही में एक समारोह में कहा कि विचार के मुकाबले विश्वास को प्राथमिकता देना कुछ लोगों को श्रेयस्कर प्रतीत होता है। मुझे तो लगता है पूरा देश विश्वास वालों से भरा है, सिवाय कुछ इने-गिने लोगों के। निजाम कहते हैं कि भाव और विश्वास तो विचार के आगे-पीछे चलते हैं। उनका यह कहना सही है। किन्तु एक बार किसी-न-किसी प्रेरणा से विचार जब विश्वास की जड़ जमा देते हैं, फिर जो भी, जैसा भी विचार हो वह विश्वास के भीतर-भीतर ही घूमता है। इसीलिए रांगेय राघव ने कहा है कि आस्था, विश्वास और श्रद्धा पराजित मूर्खों के मूल्य हैं। यह कथन भी एक हद तक ही सही है, आगे उसमें कुछ अतिवाद-सा है। विचार व तर्क पास रहें तो मेरा खयाल है सही बातों में सही विश्वास हमें विचारों में दिशा और दृढ़ता भी देता है।

18.6.1998

एक सज्जन आए। वे फूल-पौधों की बातें कर रहे थे। उनके सामने मैंने बकुल (मौलसिरी) वाली दुविधा रखी कि पेड़ होता है कि झाड़ी, फूल छोटे होते हैं कि बड़े, आदि। वे बोले कि छोटे होते हैं जूही जैसे, और जूही की तरह ही

पेड़ पर लगते हैं। मैंने सुन ली उनकी बात। कहा कुछ नहीं। लेकिन अनुभव से जानता हूँ कि जूही के फूल छोटे तो होते हैं, किन्तु पेड़ पर नहीं लगते। बेल होती है उनकी। जोधपुर में 1957–58 में जब था, सरदारपुरा में गांधी मैदान के पास की गली में रहता था। मकान में दरवाजे के एक तरफ जूही की बेल लगी थी, जिसके फूल जेब में रख कर मैं पढ़ाने जाया करता था। अब यह नई दुविधा क्यों पालूँ?

28.12.2009

उदयपुर से कई रोज बाद कथाकार मित्र राजेन्द्र मोहन भटनागर का फोन आया। बोले, ऐसे ही याद आ गई। मैंने कहा, ''याद आए तो कभी पत्र भी लिखा करो, लेखक हो! लेखक पत्र नहीं लिखेगा तो कौन लिखेगा?''

1.1.2010

कल रात मन खिन्न होने का जो सिलसिला शुरू हुआ, नए वर्ष के पहले दिन भी जारी रहा।

दो घटनाओं से पीड़ा हुई। कल एमी ने एक टिप्पणी की थी। बीकानेर इलाज के लिए जाऊँ-न-जाऊँ, वे इसके निर्णय में उलझी थीं। निर्णय यह सुनाया कि नहीं जाएँगी। मैंने कहा, ''बहुत अच्छा,'' तो बोलीं, ''आप तो ऐसा ही कहेंगे।'' नाराजगी व्यक्त तो नहीं की, पर भीतर पीड़ा हुई। चुप रहा। उदास हो गया। थोड़ी देर बाद लिखते-लिखते सामान्य हुआ। सामान्य संवाद भी चला, लेकिन टीस तो कहीं थी ही।

फिर दुखी किया दोहिती मानपरी ने। कल दिन भर उसने घर का काम किया, लेकिन जो समय मिला उसे या तो टी.वी. पर गाने सुनने में लगाया, रात दस बजे तक अपनी माँ, मौसी और नानी के साथ बातें करने में या अपने भाई के साथ नए साल की पूर्वसंध्या के टी.वी. कार्यक्रम देखने में लगाया। रात मैंने कुछ नहीं कहा। मुझे सुबह पहली चाय वही पिलाती है।

सुबह मुझे खून की जाँच करानी थी, सो चाय नहीं लेनी थी। सो वह अखबार के लिए नीचे आई, लौटकर फिर ओढ़कर सो गई। तब मुझसे रहा नहीं गया और कहा कि "तूने बी.ए. का फॉर्म भरा है, परीक्षा नजदीक है, पढ़ने वाले सबेरे जल्दी चार बजे उठा करते हैं, और तू पौने सात बजे भी ओढ़कर वापस सोने जा रही है? परीक्षा देने का मन न हो तो न सही, कहानी-कविता आदि ही पढ़ो, जो प्रिय हो वही किताब पढ़ो, जो लिखने का मन आए वही लिखो (वह कई बार कह चुकी है कि लेखिका बनेगी), पर सोती क्यों हो?" वह सोई रही। मन खिन्न हुआ।

अजीब मन है।

5.1.2010

किताबें रखी कब से रहती हैं। पढ़ने का वक्त आता है तभी आता है।

सिमरन कौर की लिखी पुस्तक (बाल-उपन्यास) 'प्रिय पिचि' को कल पढ़ा। इसे चिल्ड्रन बुक ट्रस्ट ने 1995 में इसे प्रकाशित किया था। अनुवाद किया सुमन वाजपेयी ने, चित्रांकन सुजश दासगुप्ता का। पिचि नाम एक नन्ही गिलहरी का है। मानव के बीच पलने-बढ़ने वाली इस गिलहरी की यह एक संवेदनशील मार्मिक कहानी है। पाँच-सात रोज की थी उसकी माँ जंगल में मर गई थी और लेखिका को वह अनाथ जंगल में मिलती है, वही उसको पालती है, रक्षा करती है, खान-पान, सर्दी-गर्मी का पूरा ध्यान रखती है। फिर बाहर जाने देती है, जब कुछ बड़ी हो जाती है।

रवींद्रनाथ त्यागी की किताब 'हमारी मास्टर साहब' (जनप्रिय प्रकाशन, से 1987 में प्रकाशित) भी अब पढ़ी। इसमें मास्टर भोलाराम के हास्यपूर्ण व्यक्तित्व की दस घटनाओं का वर्णन है। कहानियाँ कह लें भले उन्हें। खास रोचक नहीं।

कुसुम सेठ की लिखी 'निप्पन देश की कहानियाँ' (राजकमल से 1979 में प्रकाशित) पढ़ी। छह कहानियाँ हैं। अच्छी हैं।

× × ×

दूरदर्शन के डी.डी. भारती चैनल पर 'सृजन' कार्यक्रम में नामवर सिंह जी से निर्मला जैन, मंगलेश डबराल, पुरुषोत्तम अग्रवाल और केदारनाथ सिंह की बातचीत बहुत रोचक थी। नामवर जी के व्यक्तित्व व कर्तृत्व पर इस बातचीत से बहुत अच्छा प्रकाश पड़ा। उनसे अक्सर हर साक्षात्कार में यह प्रश्न पूछा जाता है कि वे बोलते तो हैं, लिखते कम हैं। आज भी मंगलेश डबराल ने पूछा, "क्या आलोचक को वाचिक परम्परा में नहीं जाना चाहिए? पोपुलिस्ट प्रवचनात्मक नहीं हो जाता, डाइल्यूशन नहीं हो जाता?"

नामवर जी बोले, "वाचिक कहना प्रशंसा नहीं, निन्दा ही है मेरी। यह उद्योग अशोक जी (वाजपेयी) ने चला रखा था। व्याख्यान में कई बातें ऐसी सूझ जाती हैं जो अकेले कमरे में नहीं सूझतीं।...मेरा अधिकांश समय पढ़ने में लगता है। नए से नए लेखक भी। समकालीनों को देखूँ, पढ़ूँ, इसके बिना रह नहीं सकता। अच्छा पढ़ने को मिलता है तो लिखने का जी नहीं करता।"

निर्मला जैन ने लगभग इसी तरह का सवाल पूछा था, "आपकी व्यस्तताएँ, कई दबाव—कहीं भाषण, कहीं लोकार्पण—ने आपका बहुत नुकसान किया है। कलमघसीटू आलोचक आप नहीं हैं।" नामवर जी ने उत्तर दिया, "तकसीम करता हूँ मैं। सन् 1974 में चुनौतियाँ थीं।...जे.एन.यू. में भी, जोधपुर विश्वविद्यालय में भी विभाग बनाने थे। किताबें तैयार करवाईं। शिक्षा जगत के अपने काम। लिखना कम हुआ।....'आलोचना' बराबर निकलती रही, उसमें बराबर लिखता रहा।...जे.एन.यू. में जो बहसें होती थीं, जो वैचारिक, राजनीतिक एक्सपोजर था, वह जोधपुर में न था।"

नई कविता पर उन्होंने कहा—"उसमें भी अलगाव है—'तीसरा सप्तक' अलग और 'आत्महत्या के विरुद्ध' अलग।" शमशेर पर कम क्यों लिखा, इस प्रश्न पर बोले, "हम निष्कर्षवादी साहित्य को ऊँचा नहीं मानते। उधेड़बुन और दुविधा धीरे-धीरे बढ़ती गई। कमजोरी समझें चाहे कुछ भी। अपने-आपको करेक्ट करते रहना है।"

नामवर जी सोचते हैं कि इस समय विमर्श ज्यादा है, आलोचना कम है। दलित विमर्श, भूमंडलीकरण विमर्श आदि।...असद जैदी की कविता पर हंगामा किया लोगों ने।

× × ×

कभी रमेश के प्रधानाचार्य और राजस्थान माध्यमिक शिक्षा बोर्ड के सचिव रहे आदर्श शिक्षक तेजकरण डंडिया सौ साल के हो गए। रमेश का फोन आया जयपुर से कि अभी कुछ ही रोज पहले वे आ कर गए हैं। मैंने उन पर 'राजस्थान पत्रिका' और 'शुक्रवार' में लेख लिखा है।

(बाद में जब वे 102 साल के हो गए तो रमेश की पुत्री के विवाह में आशीर्वाद देने भी पहुँचे थे। उनका निधन 103 की आयु में हुआ।)

7.1.2010

एक बार बीकानेर से जयपुर रेल के कूपे में हरिभाऊ उपाध्याय (पूर्व शिक्षा मंत्री, राजस्थान) के साथ था। मैं ऊपर की बर्थ पर, वे नीचे। शिक्षा सम्बन्धी कोई प्रसंग उठा। काफी देर तक हम दोनों—ऊपर-नीचे थे—तब भी बातें करते रहे। मैंने उनके किन्हीं विचारों पर शंकाएँ उठाईं, असहमति की टिप्पणी कर दी और वे मेरी शंकाओं के उत्तर देते रहे। उन्होंने अपने विचार रखे, मैंने अपने विचार। दोनों भिन्न थे। दो छोरों पर थे। तब मेरा आत्म-विश्वास चरम पर था। बहुत पढ़ता था। खूब बातें हुईं। अब खेद अनुभव होता है कि तब डायरी नहीं लिखता था।

8.1.2000

साढ़े ग्यारह बजे जैसलमेर वाली बस से पोकरण पहुँचा। अरविन्द ओझा का इसरार था। उरमूल न्यास की ओर से संगोष्ठी रखी थी—'गरीबी और शिक्षा' के मुद्दे पर। बैठक में खास बात यह रही कि गाँव-कस्बों से आने वाले कार्यक्रमों में खुलकर अपनी बात रखी। कुछ की बात मैं लिखता चला, इस गरज से भी कि अपनी बात रखते वक्त शायद काम आए। कुछ टीपें :

तगाराम : मैं गरीबी के कारण पढ़ाई पूरी नहीं कर पाया। बीच में छोड़ आया। ऐसा क्यों होता है? तब सोचता था, अब भी सोचता हूँ। इसी खोज में स्वैच्छिक क्षेत्र में काम करने लगा। खोज अभी जारी है। इस बीच काफी सीखने को मिला है। औपचारिक पढ़ाई से बाहर भी हमारी बहुत शिक्षा होती है।

सुनील : गरीबी बाधक तो है, पर उतनी नहीं जितना हम सोचते हैं। किसान का पुत्र किसान नहीं बनना चाहता। यह ठीक नहीं है। जीवन मूल्यों और मानवीय मूल्यों पर आदमी काम नहीं करता।

सदाराम : सम्पन्न परिवारों में भी लोग अनपढ़ बैठे हैं। हरिजनों ने शिक्षा पाई तो काम आई। दुकान कर ली, नौकरी कर ली। यह (तथाकथित) शिक्षा भी उनके काम आई।

निशा : लोग प्राय: कहा करते हैं कि पढ़ लिए तो क्या कर लिया?

भँवर : गाँव वाले तो मानते हैं कि शिक्षा से उनको लाभ नहीं है। महाराष्ट्र में गन्ना उगाने वाले अपना धन्धा छोड़कर अन्यत्र (कारखानों में) नौकरी करते हैं। फिर बीड़ी फूँकते हुए साइकिल चलाते हैं तो गर्व अनुभव करते हैं। जबकि उसके अपने गन्ने के खेत पर काम करने वाले उससे ही दुगुनी माहवारी लेते हैं। यानी मजूरों को तीन हजार देता है और खुद पन्द्रह सौ की नौकरी करता है? क्या मोल शिक्षा का?

तोलाराम : बच्चा स्कूल नहीं जा पाता है क्योंकि पिता के साथ काम पर जा रहा है। पैसा होता थोड़ा तो बच्चा काम पर न जाकर स्कूल जाता। औद्योगिक या व्यावसायिक शिक्षा होनी चाहिए।

शंकरलाल : गरीबी है वहाँ शिक्षा है, शिक्षा है वहाँ गरीबी है।

सुश्री सन्तोष : घर वाले पढ़ने का उद्देश्य सोचते हैं। लड़कियों को न पढ़ाने का यह भी कारण है। लड़का पढ़ेगा तो नौकरी करेगा, पूछते हैं लड़की क्या करेगी? मैं जिस गाँव में काम करती हूँ वहाँ देखा कि गरीबी शिक्षा की प्रगति में कोई बाधा नहीं पहुँचाती।

गंगा : गाँव का अनुभव है। बीस साल पहले लोग शिक्षित थे। राजपूत, जाट और एक नाई। हरिजनों के कई घर, किन्तु पढ़ता कोई नहीं था। एक लड़का पढ़ने लग गया। एसटीसी कर ली। शिक्षक बना। उसी गाँव में है। अब हरिजनों में कई पढ़ रहे हैं। हर घर में एकाध सरकारी नौकरी में लग जाए तो साधन हो जाए। पढ़ने वाले को घर में खाने को ज्यादा घी दिया जाता है। कहते हैं कि वह 'पढ़ेसर' है। छोटा लड़का पढ़ता है तो घर में उसका मान बड़े से ज्यादा होगा। कुएँ से पानी लाना हो तो बड़े को भेज देंगे। बड़ा बकरी चराता है।

मगर कोई पढ़ लिया पर नौकरी नहीं लगी तो उसे ताना पड़ने लगेगा कि नौकरी नहीं, तो पढ़ाई किस काम की? जीवन में शिक्षा की जगह कम नहीं।

जीवन होता है तो सब होता है। चारणों की एक लड़की का उदाहरण दूँ। प्रसव हुआ। कोई भारी कठिनाई आई। ससुराल वालों ने कोई ध्यान नहीं दिया। बात बिगड़ने लगी। पूरी बिगड़ जाती। लेकिन बच्ची ने हिम्मत करके एक पोस्टकार्ड लिख दिया पिता को। पिता आकर ले गया और पूरा इलाज करवाया। जान बच गई चार पंक्ति लिख देने से।

मधु : गरीब रोज अफीम खा रहा है, तो शिक्षा पर खर्च क्यों नहीं कर सकता? रुचि हो तभी शिक्षा होगी। बच्चों को भी हाथ का हुनर सिखाना चाहिए। वह भी शिक्षा है।

मदन : शिक्षा केवल जागरूक करने का काम करती है। शिक्षित बच्चे की मूलभूत आवश्यकताएँ ज्यादा बढ़ जाएँगी। कपड़ा, खाना, अन्य आदतें जीवन-स्तर ऊँचा उठाने की इच्छा आदि। दहेज की माँग भी बढ़ जाती है। अनपढ़ हाथ के हुनर से दो सौ रुपए रोज पाता है। जबकि एम.ए. वाले को पाँच सौ रुपए मासिक ही मिल पाता है। हमें बच्चे को स्वावलम्बी बनाना होगा।

चेतनराम : हाथ की कला की बात हम कर तो रहे हैं, पर सच्चाई यह है कि बच्चा पढ़-लिख लेगा तो हाथ का काम करेगा ही नहीं। भले असम जाकर सात-आठ सौ रुपए महीने की कोई नौकरी क्यों न करने लगे।

9.1.2000

पोकरण में उरमूल के संभागियों के समक्ष मैंने यह कहा कि अतीत से सीख मिलती है। यह भी कि जो अतीत से मिला उसे ज्यों-का-त्यों स्वीकार न करते चलें। शिक्षा प्रणाली के लिए हमने अंग्रेजों को कोसा। कहा कि मैकाले ने नौकर तैयार करने के लिए शिक्षा का उपयोग किया। आज हम क्या कर रहे हैं? नौकरी करने के लिए ही तो पढ़ और पढ़ा रहे हैं।

और नौकरी भी नहीं मिलती। शिकायत करते हैं हर सरकार से, कि इतने शिक्षित बेरोजगार क्यों हैं? राष्ट्रकवि मैथिलीशरण गुप्त ने शिक्षा के इस रूप की भर्त्सना करते हुए 'भारत भारती' में कहा था—"शिक्षे, तुम्हारा नाश हो, तुम नौकरी के हित बनी।"

दरअसल, अंग्रेज यहाँ वही प्रणाली लाए जो उनके देश में चल रही थी। हमें यह देखना है कि हम गरीबों की गली में शिक्षा कब, कैसी और कैसे पहुँचाएँ। पर पहुँचाना जरूर है।

हमें यह अपेक्षा भी नहीं करनी चाहिए कि नाई-मोची की सन्तान नाई-मोची का काम करे या किसान की सन्तान सिर्फ किसानी का काम करे। करे तो अच्छा, किन्तु न करे तो दोष शिक्षा प्रणाली को देने में क्या लाभ? जो मनुष्य बनना चाहे, उसको इससे मनुष्य बनने में मदद मिलेगी और जो अधिक से अधिक सीखना चाहता है, उसे लगातार सीखने की शक्ति भी मिलेगी। चाह नहीं है तो चाह पैदा होगी।

शिक्षा की अपनी एक अलग शक्ति है। शिक्षा का अपना मूल्य है। गरीब हो चाहे अमीर, नौकरी करे चाहे घर का काम, शिक्षा बिना हमें जीवन-दर्शन नहीं मिल सकता। शिक्षा के बगैर हमें मानवीय मूल्यों की सही पहचान नहीं हो सकती, परिवर्तन की प्रेरणा या दिशा नहीं मिल सकती।

शिक्षा बिना न हमें हमारे अज्ञान से मुक्ति मिल सकती है, न ज्ञान के अहंकार से मुक्ति मिल सकती है। मैं अपना उदाहरण दूँ। जब दयानन्द सरस्वती, प्रेमचन्द और गांधीजी को पढ़ा तो एक मोड़ आया। देवेन्द्र सत्यार्थी और वासुदेव शरण अग्रवाल को पढ़ा तो दूसरा मोड़ आया। लेकिन राहुल सांकृत्यायन की पुस्तक 'तुम्हारी (तुम्हारा?) क्षय हो' पढ़ते ही बहुत बड़ा मोड़ आ गया।

मेरी तमाम कट्टरता-संकीर्णता जाती रही। चेतना में नई खिड़कियाँ खुलने लगीं। ज्ञात होने लगा कि कितना भी जान लो, जानने को बहुत बाकी बचा रहता है और नए को पाने के लिए कुछ पुराना छोड़ना पड़ता है। राहुल की दो-चार पुस्तकें पढ़ीं तो परम्परा या नया, किसी एक का, कट्टर मोह नहीं रहा।

गली-मोहल्लों में वाचनालय-पुस्तकालय खुलवाना हमारा पहला लक्ष्य होना चाहिए। इसकी शानदार पहल बीकानेर में अजीत फाउंडेशन से प्रो. विजयशंकर व्यास ने की है। पढ़ने के ठिकाने हर गली-मोड़ पर हों, फिर प्राथमिक, उच्च-प्राथमिक विद्यालय, अनौपचारिक शिक्षा के केन्द्र या शिक्षाकर्मी विद्यालय आदि खोलने की बात हो।

अन्धविश्वासों, रूढ़ियों और संकीर्ण या कट्टर खयालों से छुटकारा पाना भी एक बड़ी चुनौती है। यह भी सार्वजनिक शिक्षा का ही एक अंग है।

शिक्षा देखने का नया नजरिया देती है। पठन-पाठन शिक्षा की बुनियाद है। एक किताब, एक लेख, एक रचना, यहाँ तक कि एक शब्द नजरिया बदल सकता है। सुभाष बाबू ने कहा 'जय हिन्द' और गांधीजी ने ललकारा 'सत्याग्रह'। इन शब्दों ने देश को ऐसी शिक्षा दी कि उसकी चेतना ही बदल गई।

ब्राजील के शिक्षाविद-विचारक पाउलो फ्रेरे के दिए एक शब्द 'कांसियंटाइजेशन' ने शिक्षा-शास्त्र की दिशा बदल दी; अपने समाज की भीतरी समझ, आलोचनामूलक सामाजिक चेतना को शिक्षा के अहम अंग के रूप में तरजीह दी जाने लगी।

15.6.2000

निराला पर नागार्जुन की कृति 'एक व्यक्ति, एक युग' पढ़ी। इलाहाबाद के परिमल प्रकाशन से 1963 में छपी थी। अब हाथ लगी। धर्म पर और लड़कियों की शिक्षा पर उससे कुछ नोट्स लिए।

19.2.2000

भारतीय इतिहास परिषद ने दो पुस्तकें छापने से रोक दी हैं। ये ऑक्सफर्ड प्रेस से छपने वाली थीं। इस प्रसंग में मुकेश कुमार ने के.एम. श्रीमाली और देवेन्द्र स्वरूप इतिहासकारों से बात की। श्रीमाली प्रगतिशील दृष्टि वाले हैं। देवेन्द्र स्वरूप दक्षिणपंथी हैं और रोकने वालों के पक्ष में हैं। श्रीमाली ने कहा कि प्री-सेंसरशिप वाली मानसिकता है। छपना रोकने में वैसी ही मानसिकता है जैसी वैलेंटाइन-डे पर सामने आई गुंडागर्दी में थी। कहीं आपत्ति है तो छपने के बाद अपनी राय व्यक्त कर सकते थे।

15.7.1985

'आँगन के पार-द्वार' पर 'समानान्तर' में डॉ. रमेशचन्द्र शाह का विवेचन पढ़ा तो जी खराब हो गया। अपने विशद अध्ययन का प्रभाव देने के लिए जगह-

जगह विदेशी कवियों को उद्धृत करते चले गए हैं। मगर आगे सर्वेश्वर की 'काठ की घंटियाँ' या रघुवीर सहाय की 'आत्महत्या के विरुद्ध' आदि किताबों पर जो लेख हैं, वहाँ तो विदेशी उद्धरणों का नामोनिशान नहीं है। अज्ञेय के संग्रह पर आनन्द देने वाली कोई टिप्पणी लेख में नहीं मिलेगी। शाहजी ने पहले भी कई बार निराश किया है, आज फिर किया।

20.6.2000

दीपचन्द के यहाँ विनायक शिखर गया। वहाँ डॉ. आदर्श सक्सेना और इंदरमल वैद मिले। इंदरमल सूरत में रहते हैं। देशनोक में उनकी एक संस्था है समता शिक्षा संस्थान। संस्था एक पत्रिका भी प्रकाशित करती है—'समता सौरभ'। यहीं वाग्देवी में छपती है। मेरा परिचय दीपचन्द ने यों कराया कि थानवीजी नास्तिक हैं। यह भी कहा कि मार्क्सवादी हैं। फिर किस्सा सुना दिया कि गुणवन्त भाई शाह को राम व कृष्ण पर व्याख्यान देने बड़ौदा से बुलाया था तब मैं विशिष्ट अतिथि था। मैंने उनके व्याख्यान के प्रति आभार के साथ यह कहा था कि राम-कृष्ण को समझने में व्याख्यान बहुत मदद करेंगे, किन्तु राम-कृष्ण के प्रति इतनी भक्ति जगाना भी अच्छी बात नहीं है। भक्ति अंततः ठहराव लाती है। और वाग्देवी में बहस का लम्बा सिलसिला छिड़ गया।

पता चला कि इन्दरमल खुद नानाराम के भक्त हैं। उन्हें कुछ जोश चढ़ा और मुझे आस्तिक बनाने की गरज से या भक्ति पर कोई सीख देने की दृष्टि से—पता नहीं क्यों—एक पहेली सामने रखी। कथा-सी सुनाकर सवाल गढ़ा और जवाब के लिए मेरी ओर देखने लगे। मैं जानता था इस सबमें महज धार्मिक संदेश लिपटा है। यह बहस अन्तहीन होगी। मैं हँसते हुए उठा, कहते हुए कि सर्जना कक्ष में जाकर पढ़ता हूँ। वहीं इस पर सोचूँगा।

1.4.2013

हरिनन्दन मिश्रा पुराने मित्र हैं। बीकानेर में साथ रहे हैं। मैं जब मासिक 'शिविरा पत्रिका' और हिन्दी-अंग्रेजी में एक साथ निकलने वाले त्रैमासिक

'नया शिक्षक/टीचर टुडे' का सम्पादन करता था, वे शिक्षक-प्रशिक्षण के अनुभाग अधिकारी थे। घर भी हमारे पास था। शिक्षण, प्रशिक्षण और विद्यालय प्रबन्धन में उनकी गहरी रुचि थी। आगे वे सेंट्रल स्कूल जोधपुर, गुवाहाटी, कोटा, राजकोट आदि कई जगह प्राचार्य रहे। आजकल सेवानिवृत्ति के बाद कोटा रहते हैं। उन्होंने कुछ-कुछ मेरे सुझाव पर और कुछ स्वप्रेरणा से अपनी आत्मकथा लिखी, 'शिक्षक के अनुभव : विकास की डगर पर'। पांडुलिपि मुझे डाक से भेजी, जो मैंने कुछ सुझावों के साथ वापस भेज दी। मुझे पांडुलिपि मिली तब उस पर टाइटल पेज नहीं था। किताब जब छपकर आई तो लेखक के नाम के ऊपर लिखा था—'संकलनकर्ता और लेखक'। बड़ी हास्यास्पद बात हो गई। इसमें संकलन को था क्या? सारी तो किताब उनके अनुभवों से भरी थी। बड़े भोले निकले।

खैर, किताब छप चुकी थी। फोन-पत्र से उन्हें कह दिया अगले संस्करण में ऐसा न करें। होली पर उनका फोन आया तो फिर एक अजीब-सा विचार पेश कर दिया। बोले, "कुछ मित्रों ने सुझाव दिया है कि इसका अंग्रेजी संस्करण भी निकाला जाए तो अच्छा रहेगा।" मैंने कहा, "कोई हर्ज नहीं, बशर्ते अंग्रेजी अच्छी हो, लेखन में भी और मुद्रण में भी।" बोले, "उनकी पुत्री को अंग्रेजी का अच्छा ज्ञान है।" मैंने कहा, "तब ठीक है।"

अब वे बोले कि उन्होंने अपनी बेटी से कहा है कि पहले वह शिक्षा-मनोविज्ञान, शिक्षा-प्रशासन, शिक्षण पद्धतियों आदि की पुस्तकें भली प्रकार पढ़ ले; फिर इस पुस्तक में जहाँ-जहाँ उनसे वांछित उद्धरण लेना उपयुक्त लगे, आवश्यकतानुसार फुटनोट में वे उद्धरण, सन्दर्भ और टिप्पणियाँ दे दे।

यह सुनते ही मैं बिफर गया। फोन तो आया था होली के त्योहार का, क्योंकि हमारा सम्बन्ध चला आ रहा है 1961-62 से, जब हम एक ही स्कूल (आदर्शनगर, जयपुर) में व्याख्याता थे। उत्सव की बात भूल कर मैं कहने लगा कि बेकार हो जाएगी आपकी किताब। बेटी बेमतलब परेशान होगी शोध के इस घोर श्रमसाध्य कार्य में और आपकी पुस्तक जो इतनी दिलचस्प है, उपयोगी है, उसका मजा भी किरकिरा हो जाएगा। सूखी-सी पुस्तक हो जाएगी। आप तो समझेंगे कि सुंदर 'शोधग्रन्थ' बन गया, लेकिन रुचिवान पाठकों के लिए इसका मूल्य शून्य हो जाएगा। अभी उपन्यास और आत्मकथा जैसी सृजनात्मक पुस्तक है, फिर श्रीहीन, उबाऊ पाठ्यपुस्तक बनकर रह जाएगी।

वे मेरा प्रलाप सुनते रहे। सरल, विनयशील मानुष हैं। बोले, "ठीक है, ऐसा नहीं करूँगा।" फिर उनकी पत्नी से मेरी व मुरारी की माँ की राम-राम हुई और होली की बधाई के इस दुर्निवार फोन का जैसे-तैसे पटाक्षेप हुआ। मैंने हमेशा देखा है कि मिश्राजी कितने निष्ठावान अध्येता, शिक्षक, प्रशिक्षक और प्रशासक रहे हैं। कई विवाद हुए होंगे हमारे बीच। वे सुन लेते हैं। मैं ही बाद में सोचता रह जाता हूँ कि नहीं कहना था, कम कहना था, या बाद में कहना था आदि। उनके धैर्य और विनय से बहुत रश्क होता है।

7.4.2016

आज पीयूष दईया का पत्र आया है, जिससे लगता है कि उसमें अपनी आलोचना सुनने की गहराई है। मैंने उसके कविता-संग्रह 'चिह्न' पर को जो प्रतिक्रिया दी थी, उसे उसने सौम्य भाव से ग्रहण किया है : "मेरी कविताओं पर आपकी स्पष्ट व वत्सल प्रतिक्रिया से मैंने बहुत कुछ सीखने व समोने की कोशिश की है। नहीं जानता था मुझे आपकी प्रतिक्रिया इस कदर अनमोल लगेगी कि यह अनवरत अपना असर बरकरार रख रही है।...आपकी प्रतिक्रिया से आलोक व दिशा मिलेगी, अपने काव्य-स्वभाव को जानने व उसके पार देखने में भी।"

पत्र लम्बा है। अपनी कुछ कविताएँ भी भेजी हैं।

9.3.2008

गत दिसम्बर में अपना एक लेख मैंने शिविरा पत्रिका के लिए भेजा था—'अनदेखा कैसे करेंगे शिक्षक और प्रशासन का सम्बन्ध'। आज बीकानेर से राजू ने बताया कि वह लेख सम्पादक को जँचा नहीं। खास बात नहीं थी, पर राजू खिन्न लगा। बोला, आपने जिस पत्रिका को जन्म दिया, उसी में आपका लेख न छपे? मैंने कहा, क्यों नहीं? यही तो सम्पादक की आजादी है। उसे लेखक का नाम नहीं, विषय-वस्तु देखनी चाहिए। यों उनकी कठिनाई भी मैं समझ सकता हूँ। प्रशासन की बात सरकारी पत्रिका में करना सहज नहीं। राजू

शिक्षा निदेशालय में ही है। बोला कि नए निदेशक डॉ. के.के. पाठक की ऊँची अकादमिक रुचि है, किताबें लिखी हैं, उन्हें लेख पढ़ने को दे दूँ? मैंने कह दिया है, हरगिज नहीं। निदेशक को बीच में नहीं लाना चाहिए। सम्पादक का दर्जा कहीं बड़ा है। उस पर आँच नहीं आनी चाहिए।

14.8.2008

जनसत्ता में नन्दकिशोर आचार्य की पुस्तक 'लेखक की साहित्यिकी' (वाणी प्रकाशन) पर राधावल्लभ त्रिपाठी ने अच्छी टिप्पणी लिखी है। विवेचन के प्रवाह में ही किंचित आलोचना भी की है। जैसे रचना को अपने आप में लक्ष्य मानना और कहना कि इसका उपयोग बतौर हथियार नहीं किया जा सकता, यह सही नहीं है। समीक्षक की राय है कि अगर हम स्वीकार करते हैं कि भाषा या शब्द से यह संसार रचा जा सकता है तो इस बात से कैसे इनकार किया जा सकता है कि वाक् के द्वारा यह दी हुई दुनिया बदली जा सकती है। साहित्य से दुनिया के बदले जा सकने की सम्भावना उसके बदलाव के उपाय बनने की सम्भावना को समाहित करती है। इसलिए रचना से कोई अन्य लक्ष्य हासिल किए जाने के निषेध या रचना के बतौर हथियार उपयोग किए जाने के निषेध पर टिका रहना सही नहीं है।

1.3.2008

बी.डी. जोशी का पत्र आया है। कलक्टर थे दिवराला कांड के समय सीकर के। सती-प्रथा पर पुस्तक लिख दी। पूरे इतिहास पर। और कहते हैं पत्र में कि पुस्तक में 'तथ्यपरक' परिशिष्ट भी दिया है। कलक्टर होने के नाते प्राप्त सूचनाओं के आधार पर? सवाल यह पैदा होता है कि कलक्टर कैसे जान सकता है यथार्थ? जो बात प्रशासन ने कोर्ट में कही होगी, वही तो लिखी होगी। प्रशासन के समक्ष सत्य कैसे प्रकट हो सकता है? कभी बात करूँगा। अभी परिशिष्ट मँगाया है।

2.3.2008

जैसे सती होना या सती का गुणगान करना अन्धविश्वास से भरा है, वैसे देवी-देवताओं की भक्ति भी एक तरह का अन्धविश्वास ही है।

बंशीलाल (भतीजा) पोकरण वाले धूणे के नाथजी का भक्त है। चमत्कारी बात कहीं देखी-सुनी हो, उसे सही मानकर सुनाता रहता है। दूसरा भतीजा दीनदयाल श्रीनाथजी का भक्त है। हाथ में एक गणना वाली मशीन रखता है। 'ओउम् नमो भगवते वासुदेवाय' कहकर मशीन का बटन दबा देता है। पता नहीं किसने उसे यह विधि सिखाई है भगवान को प्रसन्न करने की। जितने अधिक अंक मशीन देगी, उतना ही भगवान अधिक खुश होंगे। अजीब हिसाब-किताब है।

बंशी ने एक 'सत्यकथा' बखानी : एक कमरे में कोई सो नहीं सकता था। कोई भूत रात को डरा देता था। एक आदमी समझदार था। उसने उस कमरे के एक कोने में कुरान पड़ी देखी। कुरान को अगरबत्ती करके सोया। सपने में भूत आ गया कि तुझे अब परेशान नहीं करूँगा। भूत को रिश्वत मिल गई या उसकी खुशी का मूल्य मिल गया? और बंशी मुझे यह सच्ची घटना कह कर सुना गया। ऊपर से यह भी कह गया कि काकासा आप मानेंगे तो नहीं। कैसे मान लूँगा?

30.5.2008

दीपक ने एक वाक्य दिखाया और पूछा कि क्या यह सही है। सही नहीं था। पर मैंने सोचा अभी चल सकता है। बिलकुल सही, यानी शुद्धतम, के लिए बच्चे को हरदम गलत ठहराना, सुधार सुझाना कभी-कभी स्थगित भी रखना चाहिए। बच्चे का बनाया वाक्य सही के करीब ठहरता हो तो उसे सही करार देना शिक्षा की शायद उचित प्रविधि होगी। पूर्ण शुद्धता का आग्रह या अपेक्षा भाषिक प्रगति में बाधक साबित हो सकता है। बच्चे ने जो प्रयास किया है, प्रोत्साहन के लिए उसे पहले शाबाशी मिलनी चाहिए। इससे उसका आत्मबल बढ़ेगा, वह बेहतर शब्दावली और वाक्यों के गठन की ओर ज्यादा विश्वास के साथ आगे बढ़ेगा।

यही तरीका घर के लिए दिए जानेवाले लिखित काम में भी अपनाना चाहिए। हर त्रुटि पर लाल-लाल गोले लगाकर कापी को रंग देना शिक्षक की विद्वत्ता तो जाहिर कर सकता है, पर बच्चे को हताश करेगा। उत्साह बढ़ाने

वाले सही के निशान उसके लिए ज्यादा उपयोगी होंगे। इसका मतलब यह नहीं कि त्रुटियों की ओर आँखें मूँद ली जाएँ। मुख्य बात है अनुपात का खयाल रखना। बच्चे का उत्साह बना रहेगा तो त्रुटियाँ दूर होती जाएँगी, अपनी राह—आपकी मदद से—वह बनाता चलेगा।

9.1.2010

दबाव और शिक्षा के सम्बन्धों पर गहराई से विचार करना चाहिए। माँ-बाप, शिक्षक, अड़ोस-पड़ोस या समाज कोई गैर-लचीली अपेक्षा रखे तो वह दबाव है। दबाव घातक कितना होता है और सार्थक कितना, यह सोचने की बात है।

मुम्बई में ग्यारह साल की लड़की ने खुदकुशी कर ली। उसे नृत्य की क्लास छोड़ने को कहा गया था। नेहा छठी में थी। टीवी कार्यक्रमों में भाग ले चुकी थी। डांस अकादमी में नृत्य सीखने जाती थी। उसी रोज, मुम्बई में ही, दो और छात्रों ने खुदकुशी की। सुषान्त चार विषयों में फेल हुआ। अनीसा मेडिकल की प्रवेश परीक्षा में कम नम्बर लाई। इन्हें सिर्फ अवसाद के मामले मानकर छोड़ देना उचित न होगा। कहीं परिवार या समाज का दबाव भी छात्रों के मानस को उलझा देता है। वे क्या पढ़ना चाहते हैं और उन्हें क्या पढ़ने को कहा जाता है, यह बहुत नाजुक पहलू है समस्या का।

30.1.2010

अकथ कहानी प्रेम की। पुस्तक पुरुषोत्तम अग्रवाल की कबीर पर। चर्चित किताब पर नामवरजी ने कहा—यह महाआख्यान है। देशज आधुनिकता का उदाहरण है। इसमें नवजागरण है, दलितों का उत्थान है। अधिकांश भक्त इस युग में दलित समाज से हैं। लेखक ने पुस्तक में भक्ति की व्याख्या की है। यह भक्त और भगवान के बीच भागीदारी है। बराबरी है। पूजा नहीं है। नारी के विरुद्ध लिखने वाला कबीर नारी बना देता है भगवान को या खुद नारी बनकर प्रेम करता है भगवान को। माया महाठगिनी कहा, या कहा मैं बहुरिया राम की।

पुरुषोत्तम अग्रवाल की सबसे बड़ी स्थापना यह है कि कबीर को 'कवि' कहा है। लोग उन्हें आज तक या तो धर्म-गुरु मानते हैं या महात्मा मानते हैं। लेखक की मान्यता है कि उन्हें मूलतः कवि-हृदय ही मिला था।

15.5.2010

मधुसूदन सेवानिवृत्त हुआ तो फलोदी में आमदरफ्त बढ़ गई है। मुम्बई का आयकर आयुक्त रहा। अहमदाबाद में भी। मुझे दिल्ली का एक प्रसंग बरबस याद आ जाता है। तब वह दिल्ली में संघ लोकसेवा आयोग का उपसचिव था। शिविरा पत्रिका के काम से मैं दिल्ली जाया करता था। नया हिन्दुस्तान प्रेस (दिल्ली षड्यंत्र केस में अज्ञेय के साथी रहे विमलप्रसाद जैन का छापाखाना) में हमारी पत्रिका छपती थी। उन दिनों एम.एस. सत्यू की 'गरम हवा' फिल्म आई थी। दरियागंज में गोलछा सिनेमाघर में लगी। 1974 की गर्मियों की बात है।

मधु को कहा तो तुरन्त आ गया। हम दोनों गोलछा पहुँचे। भारी भीड़ थी। ऊपर के सब टिकट बिक चुके थे। एक रुपए वाली सबसे निचली श्रेणी के टिकट के लिए लम्बी लाइन में लग गए। टिकट लेकर पसीना-पसीना भीतर पहुँचे तो सबसे आगे वाली पंक्ति में ही कुर्सियाँ खाली मिलीं। मधु में पद का कोई गुरूर न था। जैसे लाइन में लगा, वैसे ही अगली पंक्ति में बैठ भी गया। बाद में मैंने फिल्म पर एक सम्पादकीय लिखा। शिक्षक-प्रशिक्षण महाविद्यालय के प्राचार्य विपिन बिहारी वाजपेयी सम्पादकीय से सहमत न थे, पर उन्होंने उस पर एक गोष्ठी करवा दी थी अपने संस्थान में। आज जैसे साधन होते तो शायद फिल्म भी दिखा देते। पर भारत के बँटवारे पर सरकारी संस्थान में आज ऐसा प्रदर्शन कोई करने देगा क्या?

1.1.2010

दूरदर्शन का गुजराती चैनल गिरनार। 'कंठ संगीत' कार्यक्रम में सुबह साढ़े पाँच बजे ऋषिकुमार शास्त्री के स्वर में राग शुद्धसारंग सुना—'आज मोरे घर

आए पीहरवा'। पर रिकॉर्डिंग में बहुत लापरवाही थी। जो तबलावादक थे, उनके सामने रखा माइक जब-तब तबले पर गिरने को होता था। वे हाथ से उसे सीधा खड़ा कर देते। लेकिन बाद में तो माइक तबले के सामने जमीन पर ही आ गिरा। हँसी आई। खीज भी हुई। शास्त्रीय संगीत की रिकॉर्डिंग में ऐसी चूक? और फिर उसका प्रसारण भी? दूरदर्शन में जाने कितने अधिकारी होते हैं। पता नहीं क्या करते हैं।

1.2.1988

कितने दिन अनुपस्थित रहने पर शाला से नाम काटने का नियम है? किस कक्षा से ऐसा प्रारम्भ करने का नियम बना? क्या अविभक्त इकाई के स्तर पर भी यह नियम लागू होता है? समस्या यह है कि एक तरफ नामांकन बढ़ाने का प्रयत्न है, अभियान है, जोर है। दूसरी तरफ अनुपस्थित रहने पर उपस्थिति के प्रयत्नों में वृद्धि किए जाने पर जोर के बजाय नाम काटने के नियम-पालन की तत्परता ज्यादा है। यह उचित नहीं।

मैं तो समझता हूँ कोई विद्यार्थी अगर एक-दो दिन से ज्यादा अनुपस्थित रहता हो तो पहले किसी सहपाठी को उसके घर भेजकर कारण पता करना चाहिए। घर वाले रोक रहे हों या बच्चा अनमनेपन में स्कूल न आ रहा हो तो अध्यापक को घर जाकर समझाना चाहिए—बच्चे को या उसके माँ-बाप को। जब तक न आए, तब तक रजिस्टर में अलग स्याही में उपस्थित ही बताना चाहिए और लाने के प्रयत्न जारी रखने चाहिए। जुर्माना लगाने या अनुपस्थित बताने के उत्साह में तो हम 'ड्रॉपआउट' ही बढ़ाएँगे। नाम काटकर और अनर्थ करेंगे।

17.7.1986

चाय पर चर्चा के दौरान शिक्षा निदेशक ने राजस्थान के प्राथमिक-माध्यमिक स्कूलों के विद्यार्थियों में सृजनशीलता लाने और रचनात्मक लेखन क्षमता के विकास को प्रोत्साहन देने के उद्देश्य से एक नया विचार रखा है। उन्होंने कहा

कि हमें लेखक बालक-बालिकाओं के दो सम्मेलन आयोजित करने चाहिए। बालिका लेखकों का सम्मेलन हर 14 नवंबर को बीकानेर में होगा और 19 नवंबर को बालक लेखकों के लिए उदयपुर में। संबोधित करने के लिए देश के प्रतिष्ठित लेखकों को बुलाया जाए।

विचार तो अच्छा है, किन्तु संभागियों के चयन की प्रक्रिया क्या हो यह थोड़ा जटिल होगा। सीधे रचनाएँ आमंत्रित कर ली जाएँ या स्कूलों में, फिर जिलों में और आगे मंडल स्तर पर चयन के बाद रचनाएँ निदेशालय आएँ। फिर तय हो कि किनको और कितनों को बुलाया जाए।

चाय के बाद निदेशक से उनके कक्ष में बात चल रही थी, तब उन्होंने एक और विचार रखा कि प्राथमिक-उच्च प्राथमिक के स्तर को सुधारने के लिए एक नया बोर्ड क्यों न बना लें ? मैंने कह दिया कि मेरी राय में इससे कोई लाभ नहीं होगा। शिक्षा परीक्षा-केन्द्रित नहीं होनी चाहिए। उसे शिक्षा-केन्द्रित बनाने पर बल देना चाहिए। परीक्षाओं की अन्धी दौड़ में भागने की प्रेरणा देना विभाग का उद्‌देश्य क्यों हो ? शिक्षक पढ़ाते-पढ़ाते यदा-कदा कक्षा में ही जो परीक्षा लेता है, वह काफी है, अभ्यास के लिए भी और आगे और ध्यान से पढ़ने की प्रेरणा जगाने के लिए भी। बच्चे आपस में एक-दूसरे की प्रगति देखते हैं तो यह स्वस्थ प्रतिस्पर्धा-सी हो जाती है। इसे वहीं तक सीमित रखना चाहिए। मैंने यह राय भी रखी कि सभी प्रयास व प्रवृत्तियाँ परीक्षा व प्रतियोगिता पर कदापि न सिमटें, यह सावधानी रखनी चाहिए। किसी भी परिस्थिति में परीक्षा व प्रतियोगिता को आगे नहीं लाना चाहिए। शिक्षा की प्रक्रिया में अनेक पहलू हैं बल देने को, उन्हें तलाशना चाहिए।

15.7.1986

आज डॉ. छगन मोहता से मिलने गया तो उन्होंने कहा कि 'शिविरा' में एक निबन्ध शृंखला शुरू करनी चाहिए—'शास्त्रीय साहित्य का अनुसंधान : वर्तमान सन्दर्भ में'। महाभारत, रामायण व पुराणों पर बल देने की जरूरत है। आज का साहित्य शास्त्रीय सन्दर्भ से कटा हुआ है। मूल्य घिसते जा रहे हैं। उपयोगिता पर ज्यादा जोर दिया जाता है। यह उचित नहीं है। मूल्यपरकता बढ़नी चाहिए।

5.12.1996

रिश्ते में मेरी भतीजी के श्वसुर हैं। मेरे शिष्य भी रहे हैं कभी। मैंने कहा, आप महिलाओं की मुक्ति में पहल करें—अपनी पुत्रवधू से कहें कि घूँघट न निकाले, न पर्दा करे। उन्होंने—आदर से या कौन जाने तैश में—खड़े होकर कहा कि अब आपने कहा है तो मुझे उत्तर देना पड़ेगा। मैंने कहा, जरूर दीजिए। यह आपकी आजादी है। वे बोले, "क्या मैं उसे कौर भी दूँ?" मैं हत्प्रभ रह गया। इतना ही बोला, "कोई हर्ज नहीं। हर्षित हों या किसी कारणवश जरूरत पड़े तो वह करने में भी कोई हर्ज नहीं। कौर की तो क्या कहें, आधुनिक सभ्यता के अनुसार, या हर्षित होकर स्वेच्छा से, या अपरिहार्य परिस्थिति पैदा हो जाए तो रसोई का तमाम काम करने में और बर्तन साफ करने में भी क्या हर्ज है?"

और मैं हँसता हुआ चला आया। सोचा, अंग्रेजी के व्याख्याता होते हुए भी उन्हें इतनी सामान्य बात का भी इल्म नहीं? विचारों की प्रगति का तत्त्व कहाँ चला गया?

29.7.1999

आजकल दिल्ली में हूँ। आज भी बादल छाए हुए हैं। कल-परसों दिन-भर बादल थे। रिमझिम कभी-कभी मामूली-सी हो जाती है। पर बरसना नहीं होता।

दोपहर बहाई 'मन्दिर' देखने गए। विशाल उपासना-गृह, विशाल बगीचा, हरियाली, छोटे कद की झाड़ियाँ फूलों की। गार्ड हमें साथ ले जाता है, नीचे जूते खिड़की से तहखाने के भीतर रखवा देता है, जहाँ इन्हीं के आदमी जूतों को करीने से नम्बर वाले खानों में रखते हैं। प्लास्टिक के थैले में रखो, जमीन से जरा-सा ऊपर आए चबूतरे की खिड़की से दो और टोकन लो।

मन्दिर में कोई मूर्ति नहीं। केवल सुंदर विशाल हॉल है, जिसमें ढेर बेंच लगी हैं। स्टेज की तरफ एक पारदर्शी पोडियम है, जहाँ प्रार्थना कराने वाला या भाषण देने वाला खड़ा होता होगा। पतले, झुके डंडों पर गेंद-से दो गोल माइक हैं। चारों तरफ साफ शीशे के बड़े दरवाजे। कोई पैसा डालने की पेटी

नहीं, कोई पुरोहित–प्रीस्ट नहीं। बहाई विश्वास के जनक बाबा बहाउल्ला की शबीह भी नहीं। मन्दिर का वास्तुशिल्प कमल की शक्ल का है, इसलिए इसे 'लोटस टेम्पल' कहते हैं। ईरानी मूल के फारीबुर्ज सबा इसके वास्तुकार हैं। आजू–बाजू पानी से हरदम भरे रहनेवाले बड़े–बड़े जलकुंड हैं। इनकी उपस्थिति मात्र से हॉल में शीतलता का अनुभव होता है।

देश की राजधानी में इतना विराट कमल खिला हुआ है, लेकिन राजनीति में कमल को ओढ़ने–बिछाने वालों ने इससे दूरी ही बनाए रखी है। कारण बहुत स्पष्ट है।

× × ×

राजस्थान की 'लोक जुम्बिश' परियोजना शिक्षा के क्षेत्र में एक परिवर्तनकारी कदम था। इस परियोजना की एक उल्लेखनीय विशेषता यह रही कि भारत सरकार और राजस्थान सरकार के समर्थन से परियोजना स्वतंत्र और स्वायत्त बनी रही। जून 1992 में एक लोक–आंदोलन के रूप में प्राथमिक शिक्षा का तेजी से सार्वजनीकरण करने के उद्देश्य से लोक जुम्बिश परिषद् की स्थापना अनिल बोर्दिया ने की थी। मैं भी इसकी स्थापना से जुड़ा।

विडम्बना की बात यह रही कि इसी परियोजना के प्रति राजस्थान सरकार ने बाद में ऐसा रुख अपनाया कि उससे परियोजना की इतिश्री होने की आशंका पैदा हो गई। सरकार को ऐसा करने से रोकने के लिए अभियान के कार्यकर्ताओं और समर्थकों ने प्रदर्शन किए। दिल्ली में आज इसी कड़ी में एक सम्मेलन आयोजित किया गया, इंडिया इंटरनेशनल सेंटर में। देश भर से सैकड़ों लोग इस सम्मेलन में पहुँचे।

सम्मेलन में मुझे भी बोलने को कहा गया। शाम को वहाँ पहुँचा तब पहले बोर्दियोजी और शारदाजी मिले। फिर दिनेश जी, जो लोक जुम्बिश में थे और अनौपचारिक शिक्षा का काम देखते थे। उन्होंने 16 जुलाई के प्रदर्शन पर फिल्म बनाई थी, जो आज यहाँ दिखाने को लाए। राजेंद्र बोड़ा, पामेला फिलिपोज, रोहित धनकर, प्रो. कृष्णकुमार, प्रभाष जोशी, एच.के. दुआ, उरमूल वाले माधवन, रत्नाजी आदि से भी मिलना हुआ। कार्यक्रम शुरू होने से पहले सेंटर का ऑडिटोरियम खचाखच भर गया था। अगले रोज रत्नाजी के घर गए तो टीवी की खबरों में उसका कवरेज देखा। रत्ना ने उसे रिकॉर्ड किया था।

30.7.1999

शाम को रवींद्र भवन स्थित नेशनल स्कूल ऑव् ड्रामा के प्रेक्षागृह में मंगलेश डबराल का कविता-पाठ सुनने गया। लिफ्ट वोल्टेज की कमी के कारण बन्द थी। हृदयरोगी हूँ, दो दौरों का अनुभवी भी। कोई चारा न था, सो सोर्बिट्रेट मुँह में रखी और रुक-रुककर सीढ़ियाँ चढ़ तीसरी मंजिल पहुँचा।

प्रयागजी मिले। किसी से मिलवाया उन्होंने। छूटते ही बोले—'मैं आईएएस लोगों से नफरत करता हूँ। रिटायर होते ही कोई न कोई काम ढूँढ़ लेते हैं।' मैं सुनता रहा। मैं तो आईएएस हूँ नहीं!

मंगलेश मिले। अपनी बेटी अल्मा से परिचय कराया तो कहने लगी—'आप कोबायाशी वाले हैं न, ताऊजी?' कार्यक्रम के बाद अल्मा की माँ संयुक्ताजी से परिचय हुआ तो पता चला कि उन्होंने भी कोबायाशी की कहानी पढ़ रखी है। दरअसल राजकिशोर ने जब 'बच्चे और हम' (वाणी प्रकाशन) पुस्तक सम्पादित की, उसमें मेरी लेखनुमा कहानी भी शामिल कर ली थी।

प्रयागजी ने एनएसडी के निदेशक रामगोपाल बजाज से परिचय कराया। नामवर जी से भी भेंट हुई। बीकानेर संगोष्ठी में हुई मुलाकात की याद दिलाना चाहा, पर इच्छा को रोक दिया। निर्मल वर्मा भी मिले। गिरधर राठी भी। प्रयाग मुझे कार्यक्रम के बाद गाड़ी ढूँढ़ने में मदद कर रहे थे, उसी घड़ी गिरधरजी आत्मीय हँसी हँसते (बड़े-बड़े दाँतों की धवल पंक्ति उनकी खुशी की आभा को दुगना करती है।) दौड़ते हुए आए और घर आने का निमंत्रण दिया। मैंने कहा, अभी एक माह हूँ, तब आश्वस्त हुए। और सीढ़ियाँ चढ़ने का मेरा कष्टदायक अनुभव सुना तो बोले, उनके घर भी सीढ़ियाँ तो चढ़नी होंगी। मैंने कहा कोई बात नहीं।

मंगलेशजी ने करीब बीस कविताएँ पढ़ीं। कुछ थीं—मंगलग्रह, मनुष्का (एक रूसी गुड़िया : गुड़िया में गुड़िया में गुड़िया...—मातृ से जुड़ा शब्द 'मनुष्का') संगतकार, अमीर खाँ, गाता हुआ लड़का, केशव अनुरागी कहता था, बारिश (माँ उठ-उठकर देखती थी/कहीं हम भीग तो नहीं रहे हैं/बारिश में...), वापसी, पर्दों की तरह (...उदासी का एक पर्दा भी वहाँ उतरता है), शैल सम्बन्ध (बाबरी मस्जिद ढहाने से जुड़ी कविता), फोन पर हाल-चाल

(फोन पर हाल–चाल क्या बतलाया जाए...), सात दिन का सफर, क्रेमलिन का किला (सभी अपने लिए क्रेमलिन का किला बनाने की सोचते हैं...), दृश्य, पिता की मृत्यु आदि।

× × ×

आज हिन्दुस्तान टाइम्स में इंडिया इंटरनेशनल सेंटर वाले कल के आयोजन की खबर थी। एशियन एज में एक फोटो था सन्तोपा और रामप्यारी का। द हिन्दू में विस्तृत खबर थी। पर कथन हमारा तो, सभी लोक जुम्बिश समर्थकों का, एक मिला–जुला उल्लेख–उद्धरण भर था और जयराम रमेश (लोक जुम्बिश विरोधी कांग्रेसी नेता) का पक्ष विस्तार से उद्धृत था।

31.7.1999

मंगलेश डबराल ने अपनी पुस्तक भेंट की 'लेखक की रोटी'। शाम को फोन भी आया कि घर आना होगा एक दिन।

राजकिशोर जी का भी फोन आया। काफी देर बात हुई। बोले, 'बच्चे और हम' किताब अच्छी बिक रही है।

1.8.1999

ओम तीनमूर्ति भवन ले गया मुझे और एमी को। फिर इंदिरा गांधी का घर (अब स्मारक) देखा। वह स्थान भी देखा जहाँ वे मारी गई थीं।

फिर फोन कर टिंकू (मिहिर), योजना रावत व गुड्डी बाई (प्रेमलताजी) को भी बुलवा लिया और 'परिक्रमा' गए, जहाँ 25वीं मंजिल पर रेस्तराँ हैं। गोल फर्श धीमे–धीमे निरन्तर घूमता है। साथ में मेजें, खाना और ग्राहक। खिड़कियाँ अपनी जगह रहती हैं। भोजन कीजिए और दिल्ली–दर्शन भी। दिल्ली की हरियाली भी ऊपर से खूब दिखती है।

रात प्रभाषजी और ऊषाजी भोजन पर घर आए। आधी रात के करीब गए। एमी मेज के भोजन में शामिल नहीं होतीं, आज हुईं। प्रभाषजी ने सूर्यग्रहण के अवसर पर कुरुक्षेत्र चलने को कहा। ओम ने कहा, पापा तो ना कहेंगे। एमी ने जरूर हाँ कहा। प्रभाषजी से जो-जो सवाल किए, उनका उन्होंने विस्तार से जवाब दिया। आम की पेटी खोलते हुए उनकी दाएँ हाथ की छोटी अँगुली कट गई थी। इंडिया इंटरनेशनल सेंटर में उस पर पट्टी बँधी देखी थी, जो आज भी वहीं थी। आम की पेटी खोली होगी, पर आम खाते नहीं हैं। मधुमेह के मरीज हैं। आज भी खीर को छुआ तक नहीं। इंडियन एक्सप्रेस 'दफ्तर' में कुछ दिन पहले रुद्राभिषेक कराया गया था, उन्होंने बताया। मैंने पूछा—क्यों? ओम ने कहा—प्रभाषजी का तो नहीं, दफ्तरवालों का काम था। मैंने कहा, चंद्रशेखरजी ने भी फलोदी से एक सौ एक पाठिये बुलवा कर यहाँ भोंडसी में रुद्राभिषेक कराया था। लोग क्यों यह सब करते हैं? प्रभाषजी बोले, बलिया वाले हैं। भाव रखते हैं।

2.8.1999

शाम वागीश कुमार सिंह, उनकी पत्नी हेमा, पुत्री चियाँ (हरिप्रिया) और चियाँ की नानी आए। वागीश बीकानेर में नाटकों में निर्देशन और अभिनय (ओम ने उनके साथ अनेक नाटकों में काम किया) करते-करते दिल्ली आ गए थे। एनएसडी में पढ़े। वे नाटक लिखते भी हैं। वहीं हेमा (रघुवीर सहाय की पुत्री) से संपर्क हुआ। शादी हो गई। दोनों का नाटकों में अभिनय अब भी जारी है। वागीश नाटक लिखते भी हैं। अपनी तीन पुस्तकें उन्होंने मुझे दीं। बेटी का घर का नाम उसके नाना का दिया हुआ है। 'चियाँ' चिड़िया शब्द का छोटा रूप भी है और चिड़ियों की 'चीं-चीं' का विस्तार भी है। तब गुड्डी बाई ने याद दिलाया कि बीकानेर में इमली के बीज को चियाँ कहते हैं। मुझे भी तब याद आया कि जोधपुर और फलोदी में इसे 'कुआं' कहते हैं। एमी ने भी मेरा समर्थन किया।

मैंने उन्हें 'चियाँ, मियाँ और हम साब' की बाल-कथा सुनाई। चियाँ माने हिन्दू, मियाँ माने मुसलमान और हम साब माने अंग्रेज। हिन्दुओं के लिए लघुता

सूचक शब्द चियाँ प्रयोग कर विनय का भाव व्यक्त किया है, मुसलमानों के लिए मियाँ शब्द प्रयोग कर आदर दिया है और अंग्रेजों के लिए हम साब प्रयोग कर अहंकार का निर्देश किया है। भोजन की टेबल पर बच्ची ने बार-बार यह कहानी सुनाने की माँग की, तो मैंने बार-बार सुनाई। (दुबारा दिल्ली गया तो इस कहानी की बड़े अक्षरों वाली पुस्तिका उसे फोटोकापी करा कर दे आया।)

खाने के बाद लेजर डिस्क पर हम सबने 'घोस्ट एंड द डार्कनेस' (निर्देशक स्टीफन हॉपकिन्स) फिल्म देखी। दो नरभक्षी शेरों और एक साहसी इंजीनियर की सच्ची कहानी है, जिसे अफ्रीका (केन्या) के जंगलों में किसी नदी पर पुल बनाने का जिम्मा सौंपा गया था। मजदूरों में भारतीय हैं, हिन्दू भी व मुसलमान भी। उनमें मुखिया की भूमिका ओमपुरी ने निभाई थी। अँगरेज इंजीनियर की सहायता को एक अफ्रीकी है। गजब का चरित्र है उसका, एक्टिंग भी गजब है। फिल्म में अनेक दिल दहलाने वाले दृश्य हैं। चियाँ तो शायद डर गई (या डरने का अभिनय किया?) और माँ की गोद में जा बैठी, रोने लगी (या रोने का भी अभिनय किया?)। सुना कि नन्ही चियाँ किसी फिल्म में काम कर चुकी है।

3.8.1999

रात शायद बारिश हुई। बालकनी में पानी पड़ा था। सुबह सात बजे के समाचारों में सुना कि प्रसिद्ध अंग्रेजी लेखक नीरद चौधरी ('ऑटोबायोग्राफी ऑफ एन अननोन इंडियन') का परसों 101 वर्ष की उम्र में निधन हो गया। मेरे प्रिय लेखक थे। छोटे कद के बंगाली। घर में धोती-कुर्ता पहनते थे, लेकिन दिल्ली की गलियों में निकलते तो कुत्ते भौंकते थे क्योंकि थ्री-पीस सूट में सिर पर अंग्रेजी टोप और पाँवों में बूट-मोजा जमा कर अंग्रेजों की अकड़धज में हाथ में छड़ी लेकर निकलते थे। अपनी लेखनी के कारण प्रसिद्ध हुए। ब्रिटेन ने उन्हें पुरस्कार भी दिए। वे इंग्लैंड में बस गए। वहीं उनका निधन हुआ।

शाम पद्मा सचदेव का फोन आया कि ओमजी से बात करनी है। मैंने कहा—वह तो बाहर है, सन्देश कोई? तो उन्होंने पूछा—मैं कौन? मैंने बताया। बोलीं, भाभीजी को लेकर घर आइए। आएँगे। और क्या कहता?

8.8.1999

शाम देवकिशनजी आए। सपरिवार। हमारे रिश्तेदार हैं। उनके लिए बहू ने पकौड़े बनाए। कुछ मिठाई। थोड़ा मैं भी खा बैठा। भोजन के बाद मेहमानों को रवाना किया, तब दवा बारी से लेने का समय जा चुका था। चारों गोलियाँ एक साथ ले लीं। आधी रात के बाद सोए। नींद ही नहीं आई। नींद आई तो दो बजे के करीब छाती में तीखा दर्द हुआ। शायद एंजाइना का अटैक था। नींद खुली। सोए-सोए छाती और गले-जबड़े का दर्द महसूस करता रहा। उठकर बैठा तो ओम ने बत्ती जलाई। उबड़ाकें हुईं, पर उल्टी नहीं आई। ओम वाश-बेसिन पर आया, पीठ पर हाथ फेरा। बाहर आकर बैठा तब भी दर्द जारी था। सोर्बिट्रेट निकाली, जीभ के नीचे रखी। पाँच-सात मिनट में आराम आ गया।

9.8.1999

'टाइटेनिक' फिल्म देखने का इरादा था, पर एक निमंत्रण पर डॉ. नरेश त्रेहान का भाषण सुनने चले गए। कार्यक्रम ओबेराय होटल में था। होटल की शान-शौकत देख मुझे पीड़ा ही हुई। वहाँ चाय, फलों का रस, शराब और भोजन का व्यापक बन्दोबस्त था। लोग सौ-डेढ़ सौ से अधिक नहीं। हम भाषण के बाद उठ आए।

भाषण में वही सब बातें थीं—डॉ. त्रेहन का संस्थान एस्कोर्ट्स क्या-क्या सहायता करता है हृदयरोगियों की और क्या सावधानियाँ रखनी चाहिए। सबसे दिलचस्प बात यह थी कि जिस मोबाइल कंपनी ने यह कार्यक्रम आयोजित किया था, उस कंपनी के मोबाइल फोन के आप ग्राहक बन जाएँ तो जब कभी आपको हार्टअटैक हो, आप अमुक नम्बर डायल कर दें। तत्काल ऊँचे डॉक्टरों की टीम आपका कष्ट सुन लेगी, घर पर क्या दवा या उपचार फौरी तौर पर करना है, यह बताएगी और जरूरी लगेगा तो सभी नवीनतम साधनों से युक्त एम्बुलेंस आपके द्वार पर भेज देगी। एम्बुलेंस का भीतरी आकर्षक चित्र स्लाइड से दिखाया गया। और भी कई बातें बताई गईं

जो मैं किताबों में कई बार देख–पढ़ चुका था। अच्छा होता घर पर फिल्म ही देख रहे होते।

17.8.1999

आज हम लोग मिर्जा गालिब के घर हो आए। कूचा बल्लीमारान, गली कासिमजान। कहते हैं इस घर का दरवाजा गालिब के बाद आज तक बन्द नहीं हुआ। यहाँ अब सिगड़ियाँ बनती हैं, सामने पी.सी.ओ. है। सिगड़ियों वाले शटर आधा उठाए सो रहे थे। चौक में सिगड़ियों का ढेर था। पतली गली है। सामने एक पुरानी हवेली साबुत खड़ी थी, दूसरी आधी ढही हुई थी। चाँदनी चौक की सड़क पर गाड़ी छोड़कर यहाँ तक पैदल आने में मुझे एँजाइना का दर्द महसूस हुआ। सो गालिब की हवेली के बाहर एक खाली पट्टी पर बैठकर विश्राम किया। सहज हुआ तो किन्हीं इमरान भाई की दुकान पर सकोरे में दूध पिया। एमी ने इनकार कर दिया। लौट आए।

20.8.1999

दैनिक हिन्दुस्तान में सम्पादकीय पृष्ठ पर मेरा लेख 'लोक जुम्बिश का विरोध क्यों' प्रकाशित हुआ है।

काकू (रमेश) रात रांची से आ गया।

लाल किला देखने गए टिंकू, एमी और गुड्डी बाई। ओम सोया। मैं पढ़ रहा हूँ। काकू कल शाम जयपुर जाएगा। हम परसों मथुरा जाएँगे।

21.8.1999

रैडिकल एक्टिविज्म के लिए अरुंधती रॉय की किताब 'द ग्रेटर कॉमन गुड' के प्रियदर्शन द्वारा किए गए अनुवाद में 'रैडिकल सक्रियता' का प्रयोग किया

गया है। जनसत्ता में एक्टिविस्ट के लिए 'जुझारू कार्यकर्ता' पद का प्रयोग होता है। फिर भी लगता है कि रेडिकल, एक्टिविज्म और एक्टिविस्ट के लिए हिन्दी पर्याय ढूँढ़ना होगा। प्रियदर्शन को भी कहकर जाना है।

22.8.1999

वृन्दावन में बृज विहार के बाहर दाईं तरफ भक्ति वेदांत आश्रम है और इस्कॉन का कृष्ण-बलराम मन्दिर। भव्य मन्दिर है। हर कोई इसे अंग्रेजों का मन्दिर ही कहता है। पुजारी तीन हैं, जिनमें एक गौरांग है। योरोपियन सभी यहाँ अंग्रेज कहलाते हैं। पुजारी महोदय माला के फूल तोड़-तोड़ कर प्रसाद की तरह बाँट रहे थे। कभी-कभी माला भीड़ की ओर उछाल देते थे।

शाम जयपुर के महाराजा माधो सिंह द्वारा बनवाया गया राधा-माधव मन्दिर देखा। भीतर हॉल बहुत बड़ा है। दरवाजे तीस फुट ऊँचे होंगे। लोहे जैसा सख्त पत्थर और मक्खन की तरह नरम होकर नए-नए रूप लेती कलाकारी खम्भों-दीवारों पर। कमाल का काम। दरवाजे के विशाल किवाड़ों पर भी पीतल-कांसे का काम है। मजबूती है। सौन्दर्य तो है ही। आगे भी पेड़, बगीचा, हरा-भरा मैदान जहाँ सैकड़ों यात्री सो सकते हैं। हालाँकि वहाँ गिनती के लोग थे। जयपुर वाला मन्दिर भी कहते हैं इसे।

रंगनाथ का मन्दिर देखा। अँधेरा होने तक। दीवारों के भीतर दीवारें। शेर, हाथी, रथ आदि सोने-चाँदी में। विशाल प्रतिमाएँ। मन्दिर में ही दक्षिणी शैली में बना तालाब है।

वृंदावन में प्रवेश करते ही मन्दिर-मन्दिर ले जाकर दर्शन कराने वाले कदम-कदम पर पीछे लग जाते हैं। कहते हैं—बस ग्यारह रुपए दे देना, सब मन्दिरों के दर्शन करा देंगे। ये गाइड कहीं जवान, कहीं अधेड़, कहीं संभ्रांत लगने वाले गोर-चिट्टे और हट्टे-कट्टे भी, कोई बनियान में तो कोई उघाड़े बदन, गमछा लटकाए। कोई-कोई पतलून-कमीज में भी। निकर पहने बालक भी मिले। कह रहे थे कि हम विद्यार्थी हैं, पाँच रुपए में रंगनाथ जी के दर्शन करा लाएँगे। हमने कहीं कोई गाइड नहीं किया। लेकिन

एक बालक ने स्वेच्छया निस्पृह भाव से हमारी गाड़ी को रखने की समस्या दूर की। हम उल्टी दिशा में मुड़ रहे थे द्वार पर बेशुमार भीड़ देख कर कि उसने हमें भीतर पार्किंग होने की सूचना दी। उसे उसके ना-ना करते भी पाँच रुपए दिए। उसने लेने से साफ इनकार कर दिया। बोला, दर्शन नहीं कराऊँगा तो नहीं लूँगा। मैंने कहा, तुमने अपना काम कर दिया। यह सेवा क्या कम थी। उसके साथ कई छात्र थे। सभी एक स्वर में बोले, नहीं-नहीं, काम नहीं तो पैसा नहीं लेंगे। बड़ी मुश्किल से समझा-बुझा कर मना सके।

बाँके बिहारी मन्दिर का समय हो रहा था। पूछते-पूछते गए। वृंदावन की सचमुच की कुंज गली। दोनों तरफ दुकानें हैं। लेकिन ठहर जाएँ तो धक्के लगते हैं। एक बार में मुश्किल से तीन लोग आ या जा सकते हैं। आधा रेला आ रहा है। आधा मन्दिर की तरफ जा रहा है। चढ़ाई है। गाड़ी छोड़कर बहुत दूर तक चले आए। दिन भर चलना ही चलना हुआ है। साँस फूल रही है। आँखें बाहर निकल रही हैं। पसीना बह रहा है और चढ़ाई पर भी भागे चले जा रहे हैं। इतने मन्दिर-मार्गी तो हम कभी न थे? पर जब आ ही गए और ये एक से बढ़कर एक प्रसिद्ध जगहें हैं, तो बिना देखे लौटें भी कैसे?

मन्दिर के बाहर फूल और मालाओं के ढेर लगे हैं। संगमरमर के चबूतरे पर कई दुकानें हैं। दर्शन-हॉल में रेला आप ले जा रहा है। एक द्वार में प्रवेश करते हैं। अन्दर आँगन भरा है। भारी भीड़ है। उचक-उचक कर लोग पटों की ओर देख रहे हैं। भीड़ के पीछे कहीं जगह पाकर हम भी गर्दन ऊँची करते हैं। पंजों के बल खड़े होते हैं। दो-तीन बार ऊपर उठने से एक मूर्ति-सी दिखाई देती है। सब हाथ ऊँचे करते हैं। यही दर्शन हैं। कहता हूँ, चलो-चलो। पीछे निकलने का रास्ता है। वहाँ पूड़ियाँ निकल रही हैं। एक लम्बी- चौड़ी साल में, पाँच-सात सीढ़ियाँ ऊपर चढ़कर। क्या हम ले सकते हैं, पता करते हैं रसीद बुक वाली टेबल के आदमी से। वह बताता है कि आज रसीद कटवाइए तो कल प्रसाद मिलेगा। मन ही मन कहता हूँ—नहीं चाहिए।

24.8.1999

मथुरा में जो कृष्ण जन्मभूमि मन्दिर है, पुराना मन्दिर, उसके एक तरफ कभी दरवाजा था जो मस्जिद में होकर निकलता था। देखा कि आजकल इसे पत्थरों से बन्द कर दिया गया है।

शायद मस्जिद की ऊँचाई से होड़ लेते हुए नया मन्दिर कई सीढ़ियाँ ऊपर चढ़कर बनाया गया है। मूर्तियों वाला हॉल भी बेहद विशाल बना है। हॉल की छत पर कृष्णलीला के रंगीन पैनल हैं। छत के चित्र जमीन पर लेट कर ही देखे जा सकते हैं। कृष्णादि की मूर्तियों के सामने दूर की दीवार—वहाँ खिड़कियों से सटी तीन आदमकद से भी बड़े कद की मूर्तियाँ हैं संगमरमर के एक चबूतरे पर। इनमें एक मूर्ति हनुमानदास पोद्दार की भी है, जिन्होंने गीता प्रेस और अपनी पत्रिका 'कल्याण' के जरिए 'हिन्दू जागरण' का काम किया।

25.8.1999

नाश्ता कर रवाना हुए। रास्ते में इतने मकान नजर आते थे कि लगा जैसे मथुरा से आगरा तक दोनों शहर आपस में जुड़े हुए हों।

सिकन्दरा में अकबर का मकबरा देखा। खूब बड़ा है। हालाँकि हुमायूँ के मकबरे जितना बड़ा तो नहीं। मुख्यद्वार के भीतर बड़ा अहाता है। अहाते में लम्बा-चौड़ा पत्थर-जड़ा सुन्दर चबूतरा है। चबूतरे के दोनों ओर ऊँची-ऊँची घास। बड़े-बड़े पेड़, झाड़ियाँ और बेलें। घास में निर्द्वंद्व विचरते दो हिरन भी दिखाई दिए। एमी बोलीं—आदमी को देखते ही भाग जाया करते हैं, पर इन्हें भय जरा भी नहीं!

आगरा पहुँचे। ताजमहल से पाँच सौ मीटर दूर बैरियर लगाकर कारें-बसें रोक दी जाती हैं। प्रदूषण रोकने के लिए सुप्रीम कोर्ट का आदेश है। मैं बैरियर के नजदीक ही बैठ गया। ओम, एमी और गुड्डी बाई रिक्शे से गए आगे ताजमहल की ओर। महावीर ड्राइवर भी देखने को भीतर जाने लगा तो ओम ने रोका। कहा—अभी यहीं बैठो, पहले पानी खरीद लाओ। वह पानी लेने के

लिए गया, तब जाते-जाते उसे भीतर जाने की छूट दे दी गई थी। किन्तु रोकने के प्राथमिक कदम ने उसका मजा किरकिरा कर दिया था। वह पानी ले आया, पर गया नहीं। टिंकू और मेरे पास आ बैठा। थोड़ी देर बाद मैंने उसे प्रेरित किया जाकर देख आने को। पता चला कि आया तो कई बार है, लेकिन आज तक ताजमहल नहीं देखा है। टिकट और रिक्शे के पैसे उसे दिए। गया और बाकी लोग लौटे तब तक, उनके पीछे, वह भी लौट आया। ताज के साथ अपनी तीन तसवीरें भी खिंचवाकर लाया, जिन्हें सबने रुचि से देखा।

रास्ते में लाल किला बाहर से देखा। बेलनगंज की बड़ी ख्याति सुनी थी। पूछते-पूछते वहाँ पहुँचे और रामबाबू पराँठेवाले के यहाँ खाना खाया। रात नौ बजे के करीब दिल्ली पहुँचे।

26.8.1999

हमारी बीकानेर की ट्रेन 8.55 पर थी। हमसे पहले गुड्डी बाई जयपुर जा रही हैं। उन्हें छोड़ने बीकानेर हाउस गए। इससे पहले 6.30 की ट्रेन से टिंकू चंडीगढ़ गया। बीकानेर हाउस में कवि वीर सक्सेना मिले। अभी दिल्ली में राजस्थान पत्रिका के ब्यूरो चीफ हैं। कभी डॉयचे वैले (जर्मनी) रेडियो में थे। साँवले रंग के, पतलून में कमीज ठूँसे हुए, मगर कुछ ढीले-ढाले। स्वभाव में मस्त और आत्मीय।

हम लोग शाम ढलने तक बीकानेर पहुँच गए। स्टेशन पर राजू लेने आ गया था।

27.8.1999

रामनरेश सोनी भवानी शंकर व्यास 'विनोद' के साथ घर आए। तीन पुस्तकें भवानी शंकर जी की और गुणवंत शाह की एक पुस्तक की भूमिका देकर गए हैं। व्यासजी की एक पुस्तक का लोकार्पण मुझे करने को कह गए। कार्यक्रम दो दिन बाद है।

28.8.1999

मुझे दिल्ली से इस कारण बुलाया था कि मेरे कई वर्ष पुराने लेखक परिचित गुणवंत भाई शाह को बड़ौदा से बुलाया गया था। उनका आज और कल दो दिन भाषण है। एक दवा व्यापारी अपने पिता हिम्मत भाई की स्मृति में राजस्थान और गुजरात के बीच सेतु का काम करने के प्रयोजन से ऐसे आयोजन करते हैं।

आनन्द निकेतन में 'मानवता का महाकाव्य : रामायण' विषय पर गुणवंत शाह का भाषण हुआ। कोई डेढ़ घण्टा वे बोले। भाषण के श्रीगणेश में ही शिकायत की : हमारी पढ़ाई में वाल्मीकि नहीं आता, कम्बन नहीं आता, महाभारत नहीं, गीता नहीं, फिर भी हम कहते हैं पढ़ा हुआ है आदमी। मैं उसे अनपढ़ कहता हूँ। हृदय की शिक्षा नहीं होती। मस्तिष्क की शिक्षा है।

तमसा नदी किनारे घटना घटी, वाल्मीकि के हृदय में महाकाव्य का उदय हो गया। क्रौंच युगल मैथुन रत—मैथुन ग्रस्त, मैथुन व्यस्त—था। संवेदनशीलता की चरम सीमा आ गई होगी। क्रौंच मैथुन युगलत्व का महत्त्व है, महिमा है।

यहाँ युगलत्व की बात विशिष्ट सन्दर्भ में सोची गई है। युगलत्व हो जहाँ, वहाँ सम्मान होता है। खण्डित युगलत्व के लिए जो जिम्मेवार है वह खलनायक कहा जाता है। आज भी युगलत्व खण्डित होने की घटनाएँ होती हैं। दहेज एक ऐसी दुर्घटना है, दूषण है, जहाँ युगलत्व का अपमान होता है। मैं ऐसी दुर्घटना को क्रौंचवध कहता हूँ। शादी होने वाली है, प्रेम है, परिशुद्ध प्रेम है कि दहेज का हिसाब-किताब शुरू हो गया। समझो क्रौंचवध हो गया।

अनिच्छित शादी हो तब भी वे दोनों जीवन भर दुःखी रहेंगे। वह भी क्रौंचवध है।

इस तरह अपने व्याख्यान को प्रारम्भ कर गुणवंत भाई आए रामायण पर। उन्होंने कहा—सत्संग बिना तमस समाप्त नहीं होता। रामकथा से तमस कम होता है। तमस कम हुए बिना मंगल नहीं होता है।

शेक्सपियर और बाइबिल को अलग पढ़ना पड़ता है। किन्तु तुलसी की रामायण में शेक्सपियर भी हैं और बाइबिल भी है। साहित्य भी है और धर्मग्रन्थ भी है। रामायण 'मानवता का महाग्रन्थ' है।

बगीचे में राम ने पुष्प लेने की अनुमति माँगी माली से। क्या चपरासी का मान साहब लोग रखते हैं? साहब पर साहब पर साहब, कितने साहब होते हैं? कई! कबीर ने कहा था, 'साहब मेरा एक है'।

वेद में एक शब्द है 'मन्यु'। लक्ष्मण मन्यु थे। मन्यु का अर्थ है पुण्य प्रकोप। किसी से लड़ाई हुई, गुस्सा आया, वह क्रोध है। कल्याण के लिए जो क्रोध हो वह पुण्य प्रकोप है—मन्यु है। रेप, बलात्कार हो रहा हो और मैं कहूँ कि मुझे अक्रोध आता है तो यह पाप है। वहाँ क्रोध आए, वह पुण्य प्रकोप है।

गुणवंत भाई ने तरह-तरह से व्याख्याएँ देते हुए शबरी, हनुमान आदि के कई प्रसंग लिए। उन्होंने कहा-वाल्मीकि के राम मानवराम हैं, कभी-कभी भगवद्भाव आ जाता है। तुलसी के राम भगवद्राम हैं, कभी-कभी मानवभाव आ जाता है। गांधीजी के बाद से जटायु भाव समाप्त हो गया है। महात्मा सत्याग्रही जटायु हैं।

गुणवंत भाई के भाषण के बाद हरीश भादानी, प्रो. नन्दकिशोर आचार्य, राजानन्द भटनागर, शुभू पटवा, डॉ. देवी प्रसाद गुप्त ने भी विचार रखे। प्रो. आचार्य ने कहा—मर्यादा का भाव रामायण में सर्वाधिक है। क्रौंच का भाव भी मर्यादा से ही जुड़ा है, मन्यु (पुण्य प्रकोप) से कम है। आखेट तो स्वीकार्य था, किन्तु एक विशेष प्रसंग में स्वीकार्य नहीं है। मर्यादा अक्सर रूढ़ हो जाती है। रूढ़ होने की सबसे बड़ी घटना शंबूक वध की घटना है। शबरी तपस्विनी है यह राम जानता है और उसके तप में वृद्धि हो रही है कि नहीं, राम पूछ रहे हैं। शंबूक का तप राम स्वीकार नहीं करते हैं, वध करते हैं।

आचार्य जी ने आगे कहा कि सभी चरित्रों का उल्लेख हुआ किन्तु सीता का उल्लेख 'एक सर्वाधिक त्रासद चरित्र का उल्लेख' नहीं हुआ। शासन की मर्यादा भी अपने आप में एक मूल्य है। सीता की मर्यादा में वे शासन नहीं छोड़ते, शासन की मर्यादा में वे सीता को छोड़ते हैं। क्यों? यह वैसा ही अनुशासन पर्व हो जाता है जो विनोबा का हुआ था। दोषी नहीं ठहराता। सोचता हूँ—पुण्य प्रकोप से निरपेक्ष रहना ही उचित समझा होगा। किन्तु हम सोचते हैं कि उस निरंकुशता को उन्हें स्वीकार नहीं करना चाहिए था। समाज की कहीं अधिक क्षति हो रही है इस मर्यादा से।

29.8.1999

आज मैंने नोट्स लेने बन्द कर दिए। लिखने की कोशिश में हम कई महत्त्वपूर्ण बातें सुनने से वंचित रह जाते हैं।

12.9.1999

सुबह दूरदर्शन पर 'इग्नू' के कार्यक्रम में डॉ. राकेश वत्स ने निर्मल वर्मा से 'स्वातंत्र्योत्तर हिन्दी कथा साहित्य' पर बात की। निर्मल ने कहा कि वे मनुष्य को सृष्टि के केन्द्र में—सर्वोपरि—रखना उचित नहीं मानते। लोग उन्हें भले हिन्दूवादी कहें पर वे कहेंगे कि भारत की परम्परा कहती है कि यहाँ मनुष्य को संसार का सर्वाधिक चेतनायुक्त प्राणी माना गया है। इसलिए सर्वाधिक चेतन इस मनुष्य का दायित्व माना गया कि वह विनम्र बने और सभी के प्रति अपना क्या कर्तव्य है यह जाने और उसका पालन करे। योरोपीय दृष्टि मनुष्य को सर्वशक्तिमान मानकर, प्रकृति पर विजय पाने की चेष्टा में लगी है, वे प्रकृति का विनाश करने में ही मनुष्य की श्रेष्ठता मानते हैं। भारतीय का दायित्व ही उसका नीतिशास्त्र है। उसके इस दायित्व की भावना ने एक अलग नीतिशास्त्र को जन्म दिया है। यही धर्म है। भारत का धर्म। चेतन मनुष्य का धर्म।

'अन्ना केरेनिना' का उदाहरण दिया उन्होंने साहित्य की शक्ति के प्रमाण के तौर पर। जिसे हम अनैतिक मानते हैं, उसे पढ़कर हम उसी अनैतिक कर्म के तरफदार बन जाते हैं। मनुष्यता के लिए वहाँ प्रेम का स्वरूप खुलता है। प्रेम सर्वोपरि हो जाता है। जो परिस्थितियाँ पैदा की हैं उनमें वह प्रेम का रूप ही हमारी पूर्व धारणा में अनैतिक होते हुए भी अब, उपन्यास पढ़कर, नैतिक और मूल्यवान हो जाता है। प्रेम भी एक मूल्य बन जाता है।

यहाँ निर्मल जी ने 'गोदान' का उदाहरण दिया। गौ के मिथक से होरी की व्यथा का चरम रूप व्यक्त हुआ है। वह निर्मल को हमेशा आधुनिक लगता है।

आलोचक नहीं समझ सकेंगे आज की समसामयिक कहानी के समयबोध को, भावबोध को। मुक्तिबोध को आलोचकों ने कब समझा? निराला जी को रामचन्द्र शुक्ल ने कब समझा?

अन्त में उन्होंने कहा–कथा साहित्य में परिवर्तन आना चाहिए। आलोचक में ऐसी दृष्टि चाहिए जो कथा साहित्य के भावबोध में आए परिवर्तन को, समयबोध के रूप को, समझ सके।

21.9.1999

सुरजनराम जी और गणपतराम जी आए। 'पंचायती राज में स्वैच्छिक संस्थाओं की भूमिका' पर उरमूल में कार्यशाला है दो दिन की। आने का आग्रह किया। हो आया। शाम तक रहा। अरविंद व रमेश बीकानेर से आए थे। विनॉय अहमदाबाद की 'उन्नति' संस्था से। भगवानदास जी माहेश्वरी व उनके सहयोगी नन्दकिशोरजी जैसलमेर से आए थे। खूब मिलना हुआ।

26.9.1999

मंगलेश डबराल का अमेरिका का यात्रा संस्मरण 'एक बार आयोवा' और सत्यप्रकाश जोशी का काव्य 'राधा' पढ़े।

3.10.1999

स्त्री–पुरुष के सम्बन्धों की भावभूमि के अन्तस्तल को छूने वाली घटना घटी आज। एमी परम्परित रिवाजों में जकड़ी हैं शादी के इक्यावन वर्षों के बाद भी। मैं चाहता हूँ वे अब तो खुलें। वे हैं कि बन्द की बन्द।

टी.वी. देख रहा था। एमी पास बैठी थीं। टी.वी. पर वह गीत आया :

'आ जा पिया तुझे प्यार दूँ, गोरी बइयाँ तो पे वार दूँ।'

एमी ने नजरें झुका लीं। जो किताब रोज पढ़ती हैं, वही फिर से उठा ली। इसमें क्या शरमाना? मैंने एमी की ओर घूरते हुए किताब उनके हाथ से लेकर एक तरफ रख दी। उन्होंने 'इंडिया टुडे' उठा लिया। मैंने वह भी छीनकर अलग रख दिया। फिर उनसे कहा, "सुनो, इससे नया जीवन मिलता है। एक-दो मिनट ही सही। जीवन तो मिलता है। मुझे वह नया जीवन क्यों नहीं मिलेगा? रोज कहा करता हूँ, समझ लो यह जिन्दगी तीस सैकिंड की है। आनन्दमय बनने में, आनन्दमय रहने में, और मुझ सहित सबको, घर-बाहर, आनन्दमय रखने में देर क्यों। ये तीस सैकिंड गँवाएँ नहीं।" फिर भी वे मेरा साथ नहीं देतीं। न घूमने चलती हैं, न ठीक से गाना सुन सकती हैं, न दो मिनट इत्मीनान से पास बैठ सकती हैं। रोज कहता हूँ ताजी हवा में सैर करने, फलोदी की गलियों को वृंदावन की गलियाँ बनाने के लिए सूर्योदय को रेतीले टीलों पर साथ-साथ खड़े होकर देखने के लिए क्या हमें अगले जन्म का इंतजार करना होगा?

मैं चाहता हूँ पचास साल और जिन्दा रहूँ, आनन्द का एक-एक क्षण बिताने को। और एमी को भी यही कहता हूँ कि मेरा साथ दो। प्यार में अब भी शरमाना, नकली या असली कैसा भी, उससे दिल को ऐसा झटका लगता है कि लगता है प्राणान्त अब हुआ कि तब हुआ। इन्हीं को मैं जीवन-भरे तीस सैकिंड कहता हूँ। जीवन और मृत्यु के बीच यही फासला है।

16.4.2008

हरिकिशन व्यास आए। उनसे 1951 का परिचय है। 53-54 तक आते-आते मित्रता में बदल गया था। फिर सम्पर्क कम रहा। उनके गाँव लोर्डियाँ में ही मुझे प्रगतिशील विचारों की सीख मिली; मार्क्स, लेनिन, गोर्की, चेखव, राहुल, फूचिक आदि की कृतियाँ पढ़ने को मिलीं। उनकी पत्नी का निधन हुआ, तब मैं उनसे मिलने लोर्डियाँ गया था। बहरहाल, अपनी बीती सुनाने के बाद हरिकिशन उठने को हुए तो कहने लगे—'आप तो बोले ही नहीं, मुझे लाभ होता।' कैसे कहता कि अच्छा हुआ कि नहीं बोला। मैं जो जितना बोला, उसके पीछे तो तुम इतना (ढाई घंटे) बोल गए। अपनी रुचि

से बोले। मैं जो बोलता वह तुम्हें आनन्द नहीं देता, क्योंकि वह तुम्हारे वर्तमान विचारों के प्रतिकूल होता। कभी जब हम-तुम साथ थे जोधपुर में, तब तुम भी नास्तिक थे। सरलजी के प्रभाव में थे। अब घोर आस्तिक हो। हरदम अखंड ज्योति और अध्यात्म की बात करते हो। तब तुम खुले थे। अब बन्द हो। क्यों जी दुखाता तुम्हारा? इसलिए नहीं बोला। न बोलने में बहुत बेचैनी रही। मन में कई बातें उमड़ीं, पर रोका खुद को। तुम्हें सुना, मेरा ही लाभ हुआ। यथार्थ के कितने रूप नजर आए। जीवन की कैसी धूप, कैसी छाँह।

17.4.2008

शिवकिशन गांधी लोर्डियाँ से आए। मैं उन्हें अक्सर याद करता रहा हूँ। शायद उन्हें खबर लग गई। आज चले आए। तुलसीराम पालीवाल के यहाँ जाकर आए थे, उनकी पत्नी के लिए दवा बनाकर लाए थे।

गांधी को अजब शौक है जहर-कुचेला के बीजों को गोबर, गोमूत्र आदि में भिगोकर, नाना तरीकों से शोध कर कुछ दवा बनाने का। उम्र है बयासी वर्ष। लेकिन कोई पूछे तो विनोद में कहते हैं—'दो चालीस और दो', ताकि सुनने वाले को आश्चर्य के भार से दबना न पड़े। खूब पैदल चलते हैं। हर किसी के देहान्त पर तीसरे दिन के 'तीये' और ग्यारहवें दिन की 'क्रिया' पर कस्बे के सिरे पर स्थित ब्रह्मबाग (दाह-स्थल) में पैदल पहुँचते हैं। लोर्डियाँ से आते हैं। मुझे याद है नेत्र-ज्योति से वंचित जगदीश की नौकरी के लिए कभी मेरे पास बीकानेर आए थे।

उसे पहले झालावाड़ नियुक्ति मिली। शायद एक साल बाद लोर्डियाँ बदली हुई। धीप्रदा (तब उपनिदेशक) ने इस नियुक्ति में बड़ा सहयोग किया था। शायद पद-आवंटन से पहले ही कार्यवाही करा दी थी। इसके चलते उनकी सेवा के गोपनीय प्रतिवेदन में विपरीत प्रविष्टि हुई थी। लम्बे समय तक वे परेशान रहीं, विभागीय स्पष्टीकरणों से और पेशियों से। हमारे बीच यह प्रकरण कई बार चर्चा का विषय बना। पर वे थीं बहादुर। हँसती रहतीं और कहतीं—'आपके कारण हुआ यह सब!'

मैं शिवकिशनजी गांधी को क्यों याद करता हूँ? 1949-50 में जब मैं वहाँ स्कूल में पढ़ाने पहुँचा, वे ही थे जिन्होंने (हरिकृष्ण) सरलजी की पुस्तकों की आलमारियाँ मेरे लिए खोल दीं। ज्ञान की खिड़कियाँ। सूरजकरण जी से रुद्रीपाठ सीखकर गया था, ऋषि महाराज से संहिता-पाठ (जिसे हम संगीता-पाठ बोलते थे)। चोटी भी रखता था। लोर्डियाँ की दीक्षा ने दुनिया बदल दी। चोटी खुद काट डाली। 'कल्याण' के घेरे से बाहर निकल आया। यशपाल, कृशन चंदर और ख्वाजा अहमद अब्बास आदि का मूल्य जाना। 'ब्लिट्ज' पहले भी पढ़ आया था, पर अब्बास की अहमियत अब समझी। शिवकिशनजी का स्नेह तब से है। वह आज भी बना है—यह बात संबल देती है।

20.12.1997

प्रो. शान्ता सिन्हा और उनकी पुत्री दीपा सुबह घर आईं। रात मुरारी के साथ पुष्कर से आईं थीं। मलार गेस्ट हाउस में ठहरीं। लोक जुंबिश के आवासीय शिक्षिका शिविरों में जो काम हो रहा है, उसे देखने हैदराबाद से आई हैं। शान्ता जी बच्चों के श्रम से बचाव कर उन्हें शिक्षण की ओर लाने के अभियान में लगी हैं। विशाल पैमाने पर हैदराबाद में वे यह काम कर रही हैं।

गरम पानी दिया एमी ने उन्हें। वे नहाईं। दीपा नहीं। शान्ता जी के पति का स्वर्गवास हो चुका है। दो पुत्रियाँ ही हैं। एक की शादी हो गई। दीपा बी.ए. ऑनर्स अर्थशास्त्र में पढ़ रही है दिल्ली में।

बातचीत में जगन्नादन का उल्लेख आया जो महिलाओं के आवासीय शिविरों में हमारे साथ एक माह रहकर गए थे। मैंने कहा, वे हमें नया संस्कार दे गए हैं। यों संस्कृतियों का अन्तरावलम्बन होता है। उदाहरण के लिए मैंने अहमदाबाद की गुजरात विद्यापीठ के कुलपति प्रो. गोविंद भाई रावल का प्रसंग सुनाया, जिन्होंने माउंट आबू में बुनियादी शिक्षा शिविर में कहा था कि स्वावलम्बन ही काफी नहीं है। अन्तरावलम्बन भी जरूरी है। नई तालीम का अर्थ यह है कि हमें अपनी नई जरूरतें भी समझते रहना चाहिए। नई तालीम

में हमें अन्तरावलम्बन भी जोड़ना चाहिए। जगन्नादन की फलोदी यात्रा में संस्कृतियों का यही अन्तरावलम्बन हुआ।

दीपा को मैंने सुझाव दिया कि दिन भर के अनुभवों के खास-खास प्रसंग रोज जरूर लिख लिया करे। अभ्यास से स्वभाव बन जाएगा। किसी दिन न लिखा जा सके तो कोई बात नहीं।

(शान्ता जी को 1999 में उनके शिक्षा और बालक-बालिकाओं के हित में महती कार्य करने के लिए 'पद्मश्री' से सम्मानित किया गया। इसी कार्य को और व्यापक रूप देते रहने के लिए 2003 में मैगसेसे अवार्ड से विभूषित हुईं। भारत सरकार ने इन्हें 2007 में बाल श्रम आयोग की अध्यक्षता प्रदान की।)

× × ×

चार-पाँच रोज से कड़ाके की ठंड पड़ रही है फलोदी में। क़ई रोज से छह डिग्री थी, कल पाँच। राजस्थान में सर्वाधिक। सुबह पाँच बजे उठकर जब दूध लेने गौशाला गया, तब इतनी भीषण ठंड थी कि एमी ने कहा, रहने दो, मत जाओ। पर गया। ठंड का अपना आनन्द है। दरवाजा खुलने तक बाहर चबूतरे पर इंतजार में तीव्र ठंड का अनुभव किया। कुछ लोगों ने एक लोहे के कुंडे में थेपड़ी-लकड़ियों से आग जला रखी थी। सब ताप रहे थे। दोपहर मौसम विभाग का संवाददाता मोहनलाल सिलावटा मिला। बोला कि आज सुबह ठंड चार डिग्री थी। रात टी.वी. पर देखा कि शिमला में, फलोदी से कम, पाँच डिग्री थी।

21.12.1997

दोपहर कन्नड़ फिल्म 'गलिगे' देखी—एम.एस. सत्यू की बनाई हुई। कुछ हिन्दी, कुछ भाग पंजाबी में भी हैं। पंजाब के आतंकवादी (पूर्व आतंकवादी) और कर्नाटक की एक अनाथ लड़की की प्रेम कहानी है। नित्या कर्नाटक के एक अनाथालय में पली। शाश्वत सिन्हा कभी आतंकवादी था। वहाँ

उसका नाम रूपसिंह था। बाप की घड़ियों की दुकान थी। टाइम बम से एक बस उड़ाई जिसका ड्राइवर भी सिक्ख था। उसमें स्कूली बच्चे थे। उसका आतंकवादी प्रवृत्ति से मोह भंग हो गया। केश काट लिए। भागकर बंगलोर आया। नित्या से प्रेम हो गया। नित्या ने एक दिन उसके पिछले जीवन का पूरा हाल सुना। समझा। अभिवृत्ति में बदलाव का स्वागत किया। अपने कारखाने में नौकरी लगवाई। खुशी में शाश्वत ने घर पत्र लिखा, चित्र भेजा। शादी करने व धर्म–जाति–सम्प्रदाय से ऊपर उठ सोच में परिवर्तन का भी जिक्र किया।

उस पत्र के सहारे पुलिस बंगलोर पहुँच जाती है। नित्या के घर से शाश्वत भाग निकलता है। अन्त में पहाड़ पर नित्या से पुनः मिलता है। तब नित्या उसे यह कहकर वापस ले आती है आत्म–समर्पण के लिए, कि वह गर्भवती है।

1.5.2008

बीकानेर राजस्थान की शिक्षा–संस्कृति की राजधानी है। अध्येता और विचारक डॉ. छगन मोहता बीकानेर से एक अनमोल विरासत थे। तहमद में लिपटे, लम्बा मलमल का सफेद कुर्ता पहने पाँवों में चप्पल डाले वे हमारे घर तक, और आगे अपने छोटे भाई बालकृष्ण मोहता के घर, पैदल आ जाया करते थे। कभी तबीयत पूछने आ जाते। हम तो उनके पास जाते ही थे। कभी कोई कैसेट लेने, कभी छोटी–मोटी तकलीफों के लिए होम्योपैथी की दवा लेने या कभी दर्शनशास्त्र, राजनीति या साहित्य की किताबें लेने-लौटाने।

उनकी रुचि सब विषयों में थी। साहित्य, समाज और दर्शन में सबसे ज्यादा। आनन्द निकेतन में साहित्यिक गोष्ठियों की वे ही अध्यक्षता करते। एम.एन. राय उन्हें विशेष प्रिय थे, किन्तु मार्क्स, वेदान्त, शंकर, गीता, उपनिषद्, सभी का सहज समाहार कर डालते थे। धाराप्रवाह, चिन्तनपूर्ण भाषण अजस्र भाव से देते थे। सुबह शायद सत्संग का भी वे संचालन करते थे।

अज्ञेय आए तो उन्हीं के यहाँ गोष्ठी हुई। बशीर अहमद मयूख आए तब भी वहीं हुई। गीता के भीम पांडिया के राजस्थानी अनुवाद का विमोचन भी यहीं आनन्द निकेतन में हुआ था। मैं प्राय: सभी में रहता था 1965 से 88 तक।

कल बीकानेर प्रौढ़ शिक्षक समिति का पत्र आया है कि यह वर्ष डॉ. छगन मोहता जन्मशती वर्ष के रूप में मना रहे हैं। वर्ष भर कुछ कार्यक्रमों के ज़रिए उन्हें स्मरण करेंगे। जन शिक्षण संस्थान भी इसमें साथ है। जानकर अच्छा लगा कि डॉ. मोहता को इस भौतिक आपाधापी के दौर में भुला नहीं दिया गया है।

13.5.2008

आज जयपुर की शान्ति भंग हो गई। आतंकवादियों ने पन्द्रह मिनट में नौ जगहों पर शाम भीषण शृंखलाबद्ध विस्फोट किए। टाइमर लगा-लगा कर, साइकिलों में जबरदस्त बम बाँधकर, जहाँ-जहाँ धमाका करना था वहाँ साइकिलें छोड़ आए। रात दस बजे तक मरनेवालों की संख्या सत्तर और सौ के बीच बताई जा रही थी और घायलों की दो सौ के आस-पास। मैं शाम को अखबारों के पिछले साल के अंकों को फिर से देख कतरनें काट रहा था और नोट्स ले रहा था कि अचानक 'जयपुर में विस्फोट, दो बम फूटे' कहती हुई प्रतीक्षा नीचे आकर बोली और उल्टे पाँव वापस ऊपर चली गई, जहाँ कमरे में वह टी.वी. देख रही थी। मानपरी और अलका ने सुना तो मेरे कमरे में पहुँचे और यहाँ टीवी खोला। मुरारी भी आ गया। मुरारी की मम्मी भी। प्रतीक्षा भी आकर वहीं शामिल हो गई। मुझे भी आवाज दी। मैं घंटे भर से साळ (खुला कमरा) में बैठा, जो काम कर रहा था, करता रहा। जानता था ऐसे वक्त क्या होता है। वहीं बैठा सुनता रहा जो वे कहते रहे कि अब चार मरे, अब बीस मरे आदि। नौ बजे मैं भी अपने कमरे में आ गया। सोए तब तक मारे गए लोगों की संख्या सत्तर को लाँघ चुकी थी। मुझे याद नहीं पड़ता कि जयपुर में इससे बड़ा आतंकवादी हमला पहले कभी हुआ होगा। लोग हैरान हैं कि राजस्थान में--राजधानी

में सरकार की नाक के नीचे—इतनी नियोजित कार्रवाई आतंकवादियों ने अंजाम कैसे दी? कैसे का क्या जवाब हो सकता है। पर हिन्दू-मुस्लिम का भाईचारा जहाँ गहरा है, उनके निशाने पर अब वे शहर नहीं होंगे तो कौन से होंगे?

17.3.2010

उदयपुर की 'शिक्षान्तर' संस्था ने स्व. दयालचन्द्र सोनी पर एक फिल्म बनाई है। जीवन और काम पर। पिछले दिनों देखी तो मैंने प्रतिक्रियास्वरूप 'माड़साब' (दयालजी) को पत्र लिखा था। जवाब में माड़साब का फोन आया। अब तो वे नहीं रहे, लेकिन शिक्षान्तर की वह अमूल्य फिल्म शिक्षार्थियों-शिक्षकों को प्रेरणा देगी।

शिक्षान्तर ने शिक्षा सम्बन्धी कई फिल्में वीसीडी पर वितरित की हैं। कुछ मुरारी लाया। मैंने उन्हें देखना शुरू किया है। ज्यों-ज्यों समय मिलता है, एक-दो देख लेता हूँ। एक फिल्म है 'चिल्ड्रन ऑफ हैवन।' फिर से देखी। हमारे पास है। मानपरी उसे पुनः देखने को काफी समय से उत्सुक थी। बहन-भाई के जूतों की कहानी है। गरीब परिवार, कितना स्नेह, कितनी परस्पर समझ, और बहन को नया जूता दिलाने के लिए तृतीय पुरस्कार पाने की इच्छाएँ, भाई की प्रतियोगिता दौड़ में भागीदारी। किन्तु 'दुर्भाग्य' से उसका प्रथम आ जाना प्रतियोगिता की दौड़ को दुखांतिका में बदल देता है। सम्मान तो खूब, ऊँचा पुरस्कार भी, किन्तु जूता नहीं तो बहन को क्या दे। बहन-भाई का दुख कितना मार्मिक रूप में व्यक्त किया है।

एक फिल्म देखी ऑस्ट्रेलिया की और एक पेरू की। आस्ट्रेलिया के विराट रेगिस्तान में रहनेवाले आदिवासियों के बच्चों को शिक्षित करने की कोशिशों का व मूल जड़ों से जुड़े रहने की प्रबल इच्छाओं का संघर्ष चित्रित हुआ है 'रैबिट फेंस' में। शिक्षा-सभ्यता का यह संघर्ष परम्परा से सब जगह होता है। इस कारण इसका महत्त्व बढ़ जाता है। दूसरी फिल्म देखी 'बींग ए वा-वा इन द एंडीज ऑफ पेरू'। उसमें मारिया नून्ज बताती

हैं कि उनका जीवन एक बगीचा है जिसमें कई फूल हैं। व्यक्तियों को वे फूल मानती हैं। जैसे हर फूल का रंग-रूप-सुगन्ध-प्रकृति भिन्न होती है, वैसे ही व्यक्तियों की भी।

28.5.2008

कक्षा में पढ़ाते वक्त किसी की त्रुटि बतानी हो तो नाम लेकर मत बताओ। उससे विद्यार्थी को चोट पहुँचती है। और शिक्षक साथियों का पता नहीं, मैं अपनी कक्षा में ऐसा ही किया करता था। नाम नहीं लेता था। अकेले में बुलाकर कह देता था, कभी ज्यादा ही जरूरी समझता तो।

लेकिन लेखकों तथा प्रकाशकों की शिक्षा करनी हो तो क्या उपाय है? नाम लेना ही होगा न? कभी राजकिशोर यह काम करते थे। वे किसी कलमनाम (रचना?) से लेखकों की भाषिक त्रुटियाँ गिनाते हुए एक स्तम्भ लिखा करते थे—'अच्छी हिन्दी'। 'हंस' में अभिनय ओझा भी एक स्तम्भ लिखते हैं, 'अक्षरशः'। उसमें भी लेखक, पत्रिका या पुस्तक का नाम रहता है।

'शेष' के सम्पादक को यह बुरा लगता है। कल आए अप्रैल-जून के अंक में सम्पादकीय लिखकर कहा है कि 'हंस' का ओझा वाला स्तम्भ लेखकों की फजीहत का एक हर्बा है। हर्बा इसलिए कि "ओझा हर गलती की निशानदेही के साथ मखौल उड़ाने के लिए फिकरे भी चुस्त करता चलता है। उसमें जबान के तईं संजीदगी नहीं है। फिर वो मीन-मेख निकालने वाला होता कौन है? उसने जबानदराजी का लाइसेंस कहाँ से हासिल किया है?"

सम्पादकीय का शीर्षक दिया है—'हँस के कंस के दंश'। और कहा है, "इसके पसेपुश्त कोई गहरी साजिश या अहमकाना जेहनीयत काम कर रही है।" मामूली बात पर कितना उल्टा तर्क है? सम्पादक के संयम, उसकी गरिमा का इस तरह शेष होते जाना 'शेष' में कब तक चलेगा?

12.6.2008

ज्ञान-विज्ञान, आलोचना, शोध, कला-चिन्तन, दर्शन आदि विषयों की पुस्तक में इंडेक्स न हो तो पाठक को बुरा लगता है। फिर भी कई ऐसी पुस्तकें देखी होंगी, जिनमें इंडेक्स नहीं होती। और तो और अभी हाल में जैनेन्द्र रचनावली बारह भागों में आई है। उसमें भी इंडेक्स नहीं है। तेरहवाँ भाग इंडेक्स ही होना चाहिए था। ब्रिटेनिका विश्वकोश में एक खंड पूरा इंडेक्स का होता है।

इसी कमी की ओर ध्यान आकर्षित करने के लिए सुनीता सराफ ने 'समयान्तर' में एक लेख लिखा है—'इंडेक्स का महत्त्व'। लेखिका ने जब विज्ञापन पढ़ा तीन वर्ष पूर्व कि रचनावली का प्रकाशन अन्तर्राष्ट्रीय स्तर का होगा और इसे अपने सम्पूर्ण सन्दर्भ में प्रस्तुत किया जाएगा, तब उन्होंने फोन किया। जानकारी मिली कि रचनावली के तेरह खंड होंगे और अनुक्रमणिका के रूप में छह-सात सौ पृष्ठों का एक अलग 'सन्दर्भ-खंड' (इंडेक्स) तैयार कराया जा रहा है। ऐसे व्यक्ति (महेन्द्रराजा जैन) से, जिसे इस सम्बन्ध में कार्य करने का अनुभव है। लेखिका को खुशी होना स्वाभाविक था। पर वह क्षणिक रही। रचनावली आई तो उसमें 'सन्दर्भ-खण्ड' था ही नहीं। कहते हैं कि रचनावली की सम्पादक निर्मला जैन की राय में रचनावली के सन्दर्भ खण्ड की कोई प्रासंगिकता या उपयोगिता नहीं थी! उनकी राय से ज्ञानपीठ के कार्यकारी निदेशक रवीन्द्र कालिया और जैनेन्द्र के पुत्र प्रदीप कुमार सहमत हैं। पर एक पाठक के नाते कह सकता हूँ कि कम-से-कम ऐसे समग्र संकलनों में इंडेक्स जरूरी चीज़ है। सुनीता सराफ का हस्तक्षेप बिलकुल वाजिब है।

28.3.2008

ओम का फोन आया कि लाहौर से वह और गुड्डीबाई इस्लामाबाद पहुँच गए। बस से। चार सौ किलोमीटर का सफर चार घंटे में पूरा किया। एक्सप्रेस-वे बना है आठ लेन का, निर्बाध। पूरे रास्ते दोनों ओर जालीदार दीवारें तनी

हैं। वाहन के सिवा सड़क पर कुछ फटक नहीं सकता। जब नवाज शरीफ पहली बार प्रधानमंत्री बने, तब बनी थी यह सड़क।

इस्लामाबाद में अपने मित्र सरमद मंजूर के घर ठहरे हैं। सरमद तो लाहौर रहते हैं, पर उनकी पत्नी मारवी इस्लामाबाद में संयुक्त राष्ट्र में काम करती हैं। जुझारू कार्यकर्ता हैं। बताया कि साड़ी तो पहनती ही हैं (जो पाकिस्तान में अब चलन से बाहर हो रही है), बड़ी बिन्दी भी लगा लेती हैं। नाटकों में जोहरा सहगल के साथ काम कर चुकी हैं।

पाकिस्तान प्रवास में दोनों को कोई परेशानी नहीं पेश आई है। खाने को छोड़कर। दोनों शाकाहारी हैं। पर पाकिस्तान में उन्हें कोई शाकाहारी भोजनालय नहीं मिला। कहते हैं, पाकिस्तान वालों ने सुना तक नहीं कि ऐसे भोजनालय उनके यहाँ कहीं होंगे। भारत में हर जगह हैं, यह जानकर वे बहुत हैरान होते हैं।

इसीलिए सरमद भाई ने इसरार किया कि उनके घर ही रहें। गुड्डी बाई ने जाते ही उनकी रसोई पर कब्जा कर लिया है। मारवी को भी शाकाहार परोस रहे हैं। सुना कि उनके बरतन माँजते-न-माँजते गुड्डी बाई ने तवा भी रगड़-रगड़ कर माँजा। ओम ने कहा कि तवे पर तो माँस नहीं पकता होगा, उस पर इतनी मेहरबानी क्यों? मन की गाँठें हैं। खुलते-खुलते खुलती हैं। कल लाहौर लौटेंगे। वापसी की उड़ान वहीं से मिली है।

9.4.2008

'वागर्थ' का अप्रैल अंक डाक में आया है, जिसमें भारत भारद्वाज का क्यूबा का यात्रा-वृत्तान्त है। ओम भी उनके साथ था। उसने तो जनसत्ता में जो लिखा, उससे कई बातें पता नहीं चलीं जो भारत के इस वृत्तान्त में मिलीं। कुछ अंश उतार कर रख लिए हैं :

—'मुझे लगता है, भारत से आया लेखकों का प्रतिनिधि मंडल औपचारिक गोष्ठियों में उलझा रहता है। अपवाद है 'जनसत्ता' का मतवाला सम्पादक, जो पता नहीं दिन में, रात में, शाम को कैसे हवाना की सड़कों पर अकेले टैक्सी लेकर निकल जाता है और उदारतापूर्वक सैकड़ों डॉलर खर्च कर, पूरा-पूरा चे

(गेवारा) को, यहाँ की संस्कृति जन-जीवन को, क्रान्ति को—और तो और क्यूबन सिगार के इतिहास को उठाकर ले आता है। हम सब चकित होते हैं, किताबें छीनने के लिए बेचैन होते हैं। (केकी) दारूवाला साहब ने उनसे लैटिन अमरीकी कवि रोबर्टो फर्नांडीज रेतामार का कविता संग्रह ले लिया और मैंने फिदेल कास्त्रो द्वारा लिखित 'चे' की जीवनी। थानवी साहब देखते रह गए। क्या करते? आखिर शिष्टाचार भी तो कोई चीज होती है।'

—'जैसा हमें बताया गया था कि ओम थानवी साहब का अप्वायंटमेंट है, कार रुकने पर थानवी और दारूवाला मकान में चले जाते हैं। मैं और जहीर साहब कार में पीछे बैठे रह जाते हैं। जब वे लौटकर बताते हैं कि यह 'चे' का घर था, हम हतप्रभ होते हैं। इतनी बड़ी बात उन्हें हमें पहले बतानी चाहिए थी। थानवी साहब चे के बेटे द्वारा दिए गए (नाम केमिला शायद) कार्ड दिखाते मुझे चिढ़ाते से लगते हैं। चे के घर के सामने से बिना घर में प्रवेश किए लौटने का मुझे जीवन भर मलाल रहेगा।'

—'लौटते समय एयरपोर्ट पर थानवी की बैगेज चेक हुई। जब उनकी अटैची से सत्रह पुस्तकें 'चे' पर और सात पुस्तकें फिदेल कास्त्रो पर निकलीं तो चेक करने वाले अधिकारी ने उनको सशस्त्र सलामी ठोंकी।'

—'15 जून। आज भारतीय लेखकों के प्रतिनिधिमंडल का कार्यक्रम कासा डी लास अमेरिकाज के प्रेसिडेंट और कवि-लेखक रोबर्टो फर्नांडीज रेतामार से मिलने का था। थानवी हमारे साथ नहीं थे। लगभग 80 वर्षीय कवि रोबर्टो हमारे सामने थे।...दारूवाला साहब अपने बैग से उनका कविता संग्रह 'ह्वेयर इज़ फर्नांडीज एंड अदर पोएम्स' निकाल कर उनसे हस्ताक्षर करवाए तो वे प्रसन्न हुए। बाद में मुझे पता चला कि यह ओम थानवी द्वारा खरीदी गई पुस्तक थी, जिसे उनसे पढ़ने के लिए लिया था।'

—'13 जून की शाम आठ बजे ओम थानवी ने सूचित किया कि रामू गांधी नहीं रहे। हम सब दुःखी हुए।...इस दुखद सूचना के बाद थानवी अचानक अंतर्धान हो गए और आधे घंटे बाद होटल पाल्को के हवाना क्लब में लौटे तो उनके हाथ में रामू गांधी पर लिखा सम्पादकीय था, जो 'जनसत्ता' के 15 जून के अंक में छपा।...मैं हैरान हुआ। भारी शोरगुल के बीच यह शख्स कैसे अपने को साध लेता है, एक महत्त्वपूर्ण उत्तरदायित्व के लिए। लेकिन यह तो हुआ हम सब की गवाही के बीच।'

—'आज मैंने सपने में देखा 'चे' ओम थानवी से कह रहे हैं—यार, तुम ही पूरा-पूरा उठाकर मुझे भारत ले जाओगे तो क्यूबा में क्या बचेगा?

23.3.2008

शनिवार को लंगा लोकगायक आए। होली-दीवाली मिल जाते हैं। कुछ सुना जाते हैं। अलका (सबसे छोटी पुत्री) के विवाह में आए थे, रमेश के परिचय से। उमराव खाँ लंगा इनके साथ थे। बल्कि कहना चाहिए ये लोग उमराव के साथ थे। इस बार उमराव नहीं था। पूछा तो बताया कि तबीयत बराबर नहीं। भीखे खाँ लंगा ने अपना कार्ड मुझे दिया। लगा कि इन लोगों ने अलग टीम बना ली है। आजकल दिल्ली-मुम्बई आदि के कार्यक्रमों में इन्हें बहुत बुलाया जाता है। सम्मान देते हैं इनके फन को।

भीखे खाँ के दस्ते में खरताल के कलाकार यूसुफ खाँ, सारंगीवादक बुंदे खाँ, ढोलक वाले बच्चू खाँ और हारमोनियम पर रशीद खाँ थे। रशीद भीखे खाँ के साथ गाते भी हैं। ये लोग कलराँ गाँव के हैं। उमराव खाँ हींडालगोल के।

होली पर 'होरी' सुना गए। कौन संग खेलूँ होरी, मोरा श्याम नहीं घर। 'हिचकी' तो सुनाते ही। उनकी पहचान ही बन गया है।

हिन्दू-मुस्लिम समाज को हमारी तरफ कई कड़ियाँ जोड़ती हैं। लंगाओं का संगीत भी इसमें अहम स्थान रखता है। बल्कि हमारे त्योहारों में उनकी उपस्थिति कहीं ज्यादा मुखर और आत्मीय है।

22.3.2008

दिन भर बिजली पर ध्यान रहा। तीन बजे के बाद चली गई। मैं डर गया। समझा हो गई कटौती। क्या होगा अरविन्द गुप्ता पर आने वाली डॉक्युमेंटरी का? पर बिजली दस मिनट में वापस आ गई। सब बच्चों को लेकर बैठा। समझा था 'कबाड़ से जुगाड़' के बादशाह बेकार की वस्तुओं से वैज्ञानिक

सिद्धान्त समझाने वाले रोचक खिलौने बनाकर बताएँगे। लेकिन फिल्म थी अरविन्द के जीवन पर। बहुत अच्छे ढंग से प्रस्तुत की हुई।

मेरा अरविन्द जी से सम्बन्ध बहुत पुराना है। पच्चीस साल तो हुए होंगे ही। रमेश ने डाक से मित्रता कराई थी। जो किताब माँगो, फोटोस्टेट कराके भेज देते थे। कोई राशि नहीं। फिर लोक जुम्बिश की एक बैठक में बीकानेर में मिले। घर भी आए। बच्चों से बातें कीं। हाथों में धागों से कई खेल किए थे।

जन्म बरेली में हुआ। पिता साबुन बनाने का काम करते थे। माँ को पिता के घर से शिक्षा व साहित्य के अच्छे संस्कार मिले थे। अरविन्द ने कानपुर आईआईटी में प्रवेश लिया। तत्त्वशास्त्र, तर्कशास्त्र और अभिवृत्ति शास्त्र पढ़ा। फिर टाटा में इंजीनियरी की।

उन्हें होशंगाबाद में अनिल सद्गोपाल की 'किशोर भारती' का काम पसन्द आया। नौकरी छोड़ आए। विज्ञान शिक्षण कार्यक्रम में सहयोगी बने। मानते हैं कि गरीबी हटाने के लिए विज्ञान शिक्षा जरूरी है। विज्ञान की डेढ़ सौ पुस्तकों का हिन्दी-मराठी में अनुवाद किया। प्रयोगशालाएँ और कीमती उपकरण गरीबों को उपलब्ध नहीं होते हैं। सो सस्ते या घास-पत्तों-टहनियों-तीलियों से उपकरण-खिलौने बनाए, बनाना सिखाया, और विज्ञान पढ़ाया। पूरे देश, पूरी दुनिया को पसन्द आया। यूनेस्को ने जिम्मा सौंपा—घूम-घूमकर गाँव-गाँव पढ़ाओ। शिक्षकों को भी सिखाओ। सिखा रहे हैं।

हर खिलौने के पीछे कोई वैज्ञानिक सिद्धान्त होता है। अरविन्द ने पुस्तकें लिखीं। खेल-खेल में, मैच-स्टिक मॉडल्स, द टॉय बैग, पम्प फ्राम द डम्प, स्ट्रिंग गेम्स, डैंड्स ऑन, आहा एक्टिविटीज आदि पुस्तकें लाखों में बिकीं। दस-बारह भाषाओं में अनुवाद हुआ। नब्बे लघुचित्र एनसीईआरटी के लिए बनाए। अब तो विज्ञान परिचय आन्दोलन ही चल पड़ा है। एक संग्रहालय बना है मात्र इनके विज्ञान-प्रयोगों, खिलौनों आदि का।

अरविन्द गुप्ता का सन्देश है—हर चीज़ पर सवाल पूछो, जाँचो, परखो। समाज के हित में है तो गले लगाओ। अन्यथा चुनौती दो।

अनोखे शिक्षाविद् हैं अरविन्द।

15.8.1950

आज मैं दूसरी बार डायरी लिखने बैठा हूँ। सबसे पहले पास के गाँव लोर्डियाँ में लिखी थी और वह भी केवल एक दिन। पिछले साल दसवीं पास कर लेने पर राज्य सरकार में शिक्षक पद पर नियुक्ति हुई तृतीय श्रेणी की वेतन श्रृंखला में। वहाँ मिडल स्कूल है। यहाँ (फलोदी) इस साल आया हूँ हाई स्कूल में। आज पक्का निश्चय करके बैठा हूँ कि अब प्रतिदिन कुछ न कुछ अवश्य ही डायरी के रूप में लिखा करूँगा।

आज यह डायरी प्रारम्भ करने से पूर्व मैं हरिकृष्ण 'सरल' (जयनारायण व्यास के साथ जेल में रहे स्वतंत्रता सेनानी) को अपना मौन धन्यवाद दिए बगैर नहीं रह सकता। यह कार्य उनकी बार-बार की प्रेरणा का ही फल है। लोर्डियाँ के उनके निजी पुस्तक भंडार से मुझे खूब वैचारिक और साहित्यिक लाभ मिला है। मेरी विचारधारा में उनकी संगत से जो भारी परिवर्तन एक साल में आया है, वह मैं जीवन भर नहीं भूलूँगा। आजकल वे अस्वस्थ हैं। ज्यादातर जोधुपर रहते हैं।

अभी शाम के पौने सात बजे हैं, परन्तु अँधेरा हो गया है। लालटेन जला ली है। अभी-अभी घर से आया हूँ। जहाँ मैं बैठा हूँ, वह स्थान रिश्ते में अपने एक चाचा से माँग कर लिया है। आज इसमें आए आठ-नौ रोज हो गए हैं। किराया तो देना है, पर चाचा ने अवश्य किराए पर ले रखा है।

इसी कमरे में सोता हूँ। कमरा अच्छा है। सामने से फलोदी का मुख्य रास्ता गुजरता है, जो दाहिनी ओर स्टेशन को जाता है और बाईं ओर बाजार को। पढ़ते समय रास्ते की ओर खुलने वाला दरवाजा बन्द कर लेना पड़ता है, क्योंकि शोर से बहुत बाधा पहुँचती है। पीछे की ओर का दरवाजा खोल लेता हूँ। यथेष्ट प्रकाश भी मिल जाता है और सड़क के शोर से मुक्ति भी।

अध्ययन तो कर ही रहा हूँ। परिश्रम भी करता हूँ क्योंकि इतने से आत्मसन्तोष नहीं होता। पाँच महीने बाद तो परीक्षा भी होने वाली है। 15 मार्च, 1951 से शुरू होंगी। इंटर की परीक्षा है। अंग्रेजी साहित्य लिया है। आशा है अच्छा अध्ययन हो जाएगा और उत्तीर्णता पल्ले पड़ जाएगी।

17.10.1950

कोई ल्लेखनीय घटना नहीं। अध्ययन कुछ गड़बड़ी में रहा। दोपहर को अनमना हो जाने से और पीठ-गर्दन आदि में दर्द होने से दो-तीन घंटे तक अर्द्ध-निद्रावस्था में पड़ा रहा। पिछले पहर भी अधिक कार्य नहीं कर सका। हाँ, मोहन (सोनार) के आ जाने से अपराह्न का समय ठीक तरह बीता। उससे राहुल सांकृत्यायन के बारे में काफी अच्छी बात हुई। मोहन मार्क्सवाद में गहरी रुचि रखता है। खास पढ़ा-लिखा भी नहीं—कक्षा छह या सात तक पढ़ा होगा। किन्तु साहित्य-प्रेमी है। अच्छी, स्तरीय विचारों वाली पुस्तकों की टोह में रहता है। आजकल कृश्न चंदर पढ़ रहा है।

जोधपुर से सरलजी का पत्र आया। बहुत अच्छी सलाह दी उन्होंने, पत्र-मित्रों और स्टडी सर्कल वाली मेरी प्रवृत्तियों के सम्बन्ध में। कल-परसों तक मैं उन्हें इन दिनों जो-जो पुस्तकें देखी या पढ़ी हैं, उनकी सूची भेज दूँगा।

2.8.1952

सरलजी की कोशिशों से आज मुझे जोधपुर विद्याशाला (मिडल स्कूल) में आए करीब एक साल हो रहा है। इस बीच स्कूल की अध्यापकी और साप्ताहिक पत्र 'ज्वाला' का सम्पादन दोनों काम बराबर चलते रहे। प्रधान सम्पादक बंशीधरजी की सहायता के लिए ही मुझे स्थानांतरण करवा के यहाँ लाया गया था। लिखने-पढ़ने का शौक था ही। स्कूल में पढ़ाते वक्त भी अपने आस-पास के वातावरण में सम्पादकीय सामग्री ढूँढ़ने में आँखें लगी रहती थीं।

कॉलेज (जसवंत कॉलेज) भी सांध्य कक्षा में जाया करता था। तृतीय वर्ष पास कर अब चतुर्थ वर्ष में आ गया हूँ। बी.ए. का फाइनल ईयर होने की वजह से इस सत्र के लिए अब 'ज्वाला' के काम से छुट्टी ले ली है। सारे प्रयत्न अध्ययन में लगा दिए हैं, लगा रहा हूँ।

डायरी लिखना आज से करीब दो वर्ष पहले फलोदी हाईस्कूल में लिखना शुरू किया था। लेकिन पता नहीं क्यों, नियमित रूप से नहीं लिख पाया। आज

करीब डेढ़ साल बाद फिर उसे उठाया है। यों बीच के अरसे में कलम को फुरसत तो बिलकुल ही नहीं मिली थी, क्योंकि अखबार के पृष्ठ भरने के लिए बेचारी कलम दिन-रात चलती ही रहती थी। न दिन को चैन, न रात को नींद। कभी-कभी तो रात और अगले पूरे दिन कलमघिसाई होती थी। लेकिन इस कलमघिसाई में एक बड़ा भारी फायदा भी हुआ। वह यह कि घिसने से कलम ज्यों-ज्यों मोटी होती गई, त्यों-त्यों दिमाग अधिक पैना होता गया। विश्वास है कि यह परिवर्तन मेरे जीवन में लाभकर सिद्ध होगा।

13.4.1954

और आज चित्त फिर अशान्त है। कारण है अर्थाभाव। कल निर्जला एकादशी थी। घर में आम और मिठाइयाँ लानी थीं। चार-पाँच रुपए उधार लिए। कन्वेन्शलन नेसेसिटी होने की वजह से रोक नहीं सका। हालाँकि खर्च बड़ा महँगा पड़ा। लेन-देन का मामला टेढ़ा है। लें तो रोना, न लें तो भी। अर्थोपार्जन की दृष्टि से हम हों भले निम्नवर्गीय, किन्तु देने-दिलाने के मामले में टाँग पैसे वालों से भी ऊँची रखने का खयाल किया जाता है। घर में बच्चों को दूध नहीं, पढ़ने को पुस्तक नहीं, किन्तु दान-पुण्य के नाम पर हर त्योहार पर कुछ-न-कुछ खर्च करना होगा। आज पहली तारीख गुजरे बारह रोज होने पर भी तनख्वाह आने की आशा नजर नहीं आती। इसके बावजूद खर्च तो सारे ज्यों के त्यों मुँह खोले खड़े हैं। खर्च, खर्च, खर्च ही खर्च। खर्च की कराल दाढ़ों में पिसना ही पड़ेगा।...

आज भी इसी अवस्था से गुजर रहा हूँ। सुबह से श्रीमतीजी की भृकुटि वक्र है। कारण है साग के लिए पैसे पूरे नहीं। एकादशी के बाद का दिन होने के कारण कुछ बेहतर भोजन अपेक्षित है। बुआजी को न्योता भी दिया है। साग आदि लाना और भी जरूरी है। रसोई से पुकार पर पुकार आ रही है साग ले आने की और मैं हूँ कि डायरी लिखे जा रहा हूँ। एक बार तो साफ़ जवाब भी दे दिया कि साग नहीं आएगा। और जवाब का फल ? फल यह कि रसोईघर से अब सुबकने की आवाज आ रही है। क्या करूँ ? पैसों के लिए फिर कहीं हाथ पसारूँ या सुबकने दूँ!

5.12.1954

जोधुपर से लोहावट तबादला हो गया है। पिछले महीने की आठ तारीख को यहाँ आ गया था। मिडिल स्कूल है। ग्यारह अध्यापक थे। मेरे आने से बारह हो गए। मकान बड़ा मिला है। मकान मालकिन वृद्धा हैं। वे भी यहीं रहती हैं। आँखों से दिखाई नहीं देता, फिर भी बड़ी चौकन्नी और होशियार हैं। कुछ लोभी भी हैं। किराया दो रुपए माहवार देते हैं। पर घर में जो संडास है, उसका उपयोग हमारे लिए निषिद्ध कर रखा है। कहती हैं—तीन रुपए और दो तभी मिलेगा। बाड़े का उपयोग भी कर सकेंगे। वैसे लोग यहाँ मुँह-अँधेरे पास के खंडहरों की राह पकड़ते हैं।

मकान मालकिन की एक और बात अजीब-सी है। मुख्य दरवाजे को बार-बार बन्द नहीं करने देतीं। कहती हैं, ऐसा करने से किवाड़ जल्दी घिस जाते हैं। चौक (दालान) में नहाने के लिए स्थान बना है। पर वहाँ स्नान करने की अनुमति भी नहीं है। कहती हैं पानी बहने से नाली में जन्तु पैदा होंगे और पानी सूखने पर वे मर भी जाएँगे। इस तरह हजारों जीवों की हत्या होगी। पाप लगेगा।

वृद्धा को हम 'माँ जी' कहते हैं। माँ जी के पास पानी भरने का एक बड़ा बरतन है। एक दिन वह खाली पड़ा था। हमें उसकी आवश्यकता पड़ गई। पूछा—'माँ जी, उसमें पानी भर कर ला सकता हूँ?' वे बोलीं—'तुम्हीं जानो। मैं तो इस बारे में कुछ भी नहीं कह सकती।' यह सुनकर मैं बड़े पसोपेश में पड़ गया। न 'हाँ' मिली, न 'ना'। हमें जरूरत तो थी ही, चुपचाप उठाया और चल दिया। बाद में मेरे पिताजी ने बताया कि इनके यहाँ ऐसा ही रिवाज है। धर्मपरायण लोग जीवहत्या में सहमति प्रकट करना भी हत्या के तुल्य समझते हैं। ठंड के मौसम में सबेरे-सबेरे पानी हेतु जाने वाला व्यक्ति तालाब के अनेक जीवों की 'हत्या' करेगा क्योंकि इस तरह पानी में कई जीव आ जाते हैं जिनका उबालने या छानने पर मरना स्वाभाविक है। जब मैं जीवहत्या के इस कर्म का सम्पादन कर रहा होता हूँ तो भला माँ जी अपने बरतन के उपयोग की अपरोक्ष स्वीकृति कैसे प्रदान कर सकती हैं? परोक्षता निभाने के लिए केवल इतना भर कह दिया, 'तुम्हीं जानो। मैं तो इस बारे में कुछ भी नहीं कह सकती!'

जोधपुर से याज्ञवल्क्य गुरु का पोस्टकार्ड आया है। लिखते हैं, "एक सलाह है। मानें तो अब से नियमित रूप से डायरी लिखना शुरू कर दें। यह भविष्य में आपकी साहित्यिक प्रवृत्ति के लिए अत्यंत लाभदायक रहेगा। आपको कभी सामग्री की कमी नहीं पड़ेगी।"....

गुरु ने दूसरी बात लिखी है—"लेख लिखने को अपना विशेष कार्यक्रम बना लें। मास में कम से कम दो लेख भेजने का नियम बना लें। ग्रामीण कहानियाँ, गीत, कहावतें आदि का संग्रह भी करते रहें।"

सलाह माकूल है। मैं खुद भी दिल में यही सोचे बैठा हूँ। पर पढ़ाई भी बराबर नहीं हो पाती, लिखने को समय कैसे निकले। सारा सामान ढोकर जोधपुर से यहाँ आ तो गए, पर पढ़ाई का प्रबन्ध कुछ भी नहीं हुआ है। मकान का झंझट है। लालटेन भी एक ही है। सुविधाजनक मकान प्राप्त होने पर ही कुछ लिख-पढ़ सकूँगा। परीक्षा सिर पर नाचने लगी है। एम.ए. (प्री.) अंग्रेजी के लिए फार्म भर चुका हूँ। चार अप्रैल को होगी। देखें ऊँट किस करवट बैठता है।

शिक्षकों की आर्थिक अवस्था शोचनीय है। ट्यूशन के लिए संघर्ष हुआ था, अब शान्ति है। अन्तर्राष्ट्रीय गतिविधि से लोग पूर्णतः परिचित कम हैं, पर रुचि खूब लेते हैं। देश-विदेश व्यक्ति और समाज तथा अर्थ, धर्म एवं राजनीति आदि किसी भी विषय पर बात क्यों न चल रही हो, बड़े चाव से सुनते हैं। दो साहब ऐसे हैं जो आध्यात्मिक विषय के प्रति कुछ अधिक रस लेते प्रतीत होते हैं। एक वृद्ध हैं तथा दूसरे नवयुवक। वृद्ध महाशय तो उस श्रेणी में आते हैं जिनका जिक्र मैं पहले कर चुका हूँ। उनका मोह 'तीन टांग की खटिया' वाला है। घर के बूढ़े लोग नई वस्तुएँ उपलब्ध करा दें तो भी पुरानी वस्तुओं को ही प्रयोग में लाने की जिद पर अड़े रहते हैं। जैसे मेरी दादी ने अपनी तीन टांग की खटिया का मोह नहीं छोड़ा, कितनी ही अनुनय-विनय के बावजूद। पर युवक महोदय का इस विषय में रस लेना कुछ अटपटा लगता है। सम्भव है किसी अन्य उचित विकल्प के अभाव में वैसा हुआ हो। प्राकृतिक नियम है कि युवकों को किसी न किसी विषय में रस लेना बहुत अच्छा लगता है। अब इन महाशय को कोई युवकोचित विषय हाथ न लग सका तो इसमें इनका क्या दोष? जो विषय हाथ लग गया, उसी में रस लेकर

वे प्राकृतिक नियम को निभा लेते हैं। आशा है वे नाव में बैठकर चप्पुओं की उपेक्षा नहीं कर सकेंगे।

8.12.1954

जैन साधु गाँव के हर घर से भिक्षा प्राप्त कर अपना जीवन बसर करते हैं। हमारी मकान मालकिन यानी 'माँ जी' के भी पास भिक्षा हेतु प्राय: ऐसे साधु आते रहते हैं। उनके मुँह पर सफेद पट्‌टी बँधी रहती है। यों तो उनका सारा वेश ही कुछ विलक्षण होता है, पर मुँह की पट्‌टी ने मेरे छोटे भाई रमेश की जिज्ञासा वृत्ति को आज अकस्मात् छेड़ दिया। वह बाल सुलभ भोलेपन के साथ पूछ बैठा, "माँ जी, ये साधु लोग मुँह पर सफेद कपड़ा क्यों बाँधे रहते हैं?" माँ जी बोलीं, "हमारे शास्त्र में लिखा है कि मुँह की हवा बाहर निकलने से अनेक जीवों के साथ हिंसा हो जाती है। और बेटा, हिंसा से बढ़कर कोई पाप नहीं।"

बालक की जिज्ञासा का समाधान नहीं हुआ। प्रत्युत् तर्क को बल मिल गया। उसी क्षण पूछ बैठा, "तो माँ जी, फिर नाक पर भी पट्‌टी क्यों नहीं बाँध लेते? उसकी हवा से भी तो कुछ जीव मर जाते होंगे?" हम सब खिलखिला कर हँस पड़े। माँ जी भी इसका क्या जवाब देतीं।

26.12.1954

कल रात छोटी बहन विमला को बातों ही बातों में रेल के चलने की प्रक्रिया बताई थी। इंजन भाप से चलता है और भाप कोयला जलाकर तैयार की जाती है, यह भी उसे बता दिया गया था। तीन साल की बच्ची ने बड़े ध्यान से सुना और इस नई जानकारी को मस्तिष्क में उतारने में लग गई। सम्भव है रात को उसके अवचेतन में भी इसी विषय पर चर्चा चलती रही हो, क्योंकि सबेरे जब हम सब चाय पर इकट्‌ठा हुए तो उसने जो सोचा उसे खुद ही व्यक्त कर दिया। मालूम हुआ कि और तो सब बातें उसे समझ आ गई थीं, किन्तु 'भाप' शब्द

मन में कहीं अटका रह गया था। मेरी नजर सामने गई तो देखा कि चाय के प्याले से धुआँ उठ रहा है। उस तरफ इशारा करके फौरन विमला को समझा दिया गया कि दाल की देगची और चाय के प्याले से उठने वाला धुआँ ही भाप कहलाता है—चूल्हे से उठने वाला नहीं। उसके मुँह से केवल 'हुँ' निकला। मैंने सोचा इसका ध्यान अब इधर नहीं है। आगे और बातें कर व्यर्थ बोझ नहीं बढ़ाना चाहिए। मैं दूसरे कामों में लग गया।

परन्तु कुछ ही देर बाद पता चला कि मेरा खयाल गलत था। उसका ध्यान अभी तक उसी विषय पर मँडरा रहा था। उसने 'भाप' शब्द केवल समझा ही नहीं, उसका सर्वथा मौलिक प्रयोग कर अपनी सूझ का प्रमाण भी दे दिया। कड़ी ठण्ड थी। उसने बाहर धूप में खड़े-खड़े मुझे पुकारा और अपने मुँह से भाप छोड़ी और कहने लगी, "भाइछा, देतो भाप....भाऽऽप'-और अपनी विजय पर आप ही खिलखिलाकर हँस पड़ी। उसकी इस गौरवमयी उन्मुक्त हँसी को देखकर मेरा रोम-रोम पुलक उठा। कितने मानसिक श्रम के बाद उसने 'भाप' शब्द पर फतह हासिल की थी। श्रम की सफलता ही मानव जीवन के आनन्द का मूल स्रोत है। वह खुशी से आँगन में थिरक रही थी।

27.12.1954

कल की बात है। रेलवे स्टेशन पर मैं अचल दास बुरड़ (फलोदी के एकमात्र न्यूजपेपर एजेंट) के साथ बात कर रहा था। पास ही मालाराम, रामगोपाल और गजराजसिंह (सभी शिक्षक) आदि खड़े थे। भुक्तभोगी होने के कारण अचलदास के दिल और दिमाग में वर्तमान शासन व्यवस्था और समाज व्यवस्था के प्रति एक आग निरन्तर जलती रहती है। कल भी वे एक तथाकथित दिवालिए सेठ के सम्बन्ध में यहाँ आए थे। लोगों ने मामला पुलिस में देने की सलाह दी। पर पुलिस की अकर्मण्यता से वे राई-रत्ती परिचित हैं। फौरन ही भीतर की आग का गुबार बाहर उगल दिया, "माफ कीजिए, आज के जमाने में पुलिस और परमेश्वर दोनों ही रिश्वत लेते हैं। धनी के लिए इन दोनों के पट आठों पहर खुले हैं। किन्तु भला हमारे-तुम्हारे जैसे निर्धन को कौन पूछने

बैठेगा?" और मजा यह कि रिश्वत लेकर भी तो काम बनता नहीं देखा जाता! बिल्ली चूहे को खाए या कुत्ता बिल्ली को, भगवान के भोग तो चढ़ ही जाता है।

4.3.1999

खादी का कपड़ा लेने गया। क्षेत्रीय खादी विकास समिति, फलोदी द्वारा संचालित खादी ग्रामोद्योग भंडार से। थान पर चिपके स्टिकर पर भाव अंकित था—41 रुपए मीटर। दिया 62 रुपए मीटर। उसमें तीस प्रतिशत छूट कर दी। गुजरात से माल आया है, ऐसा कहा। पूछ ही लिया कि स्टिकर पर लिखे भाव से ज्यादा क्यों लेते हैं? तो संचालक बोले—"स्टिकर तो ऐसे ही होते हैं। बदल जाते हैं।" किसी दूसरे ग्राहक को भी यही कहा। स्पष्ट है कि मनमाना भाव लगाते हैं। दुकान के साइनबोर्ड पर लिखा था—'खादी ग्रामोद्योग द्वारा प्रमाणित'। अब आश्चर्य की बात यह कि भाव ही प्रमाणित नहीं तो और क्या प्रमाणित होगा?

2.6.1999

भतीजे भँवरू के यहाँ गया। खींवराज जी की पुत्री कपिया (तेजवंती) व कपिया की पुत्री सोनू (विजयलक्ष्मी) मिली। कपिया श्रीगंगानगर जिले के घड़साना में रहती है। पति की परचून की दुकान है। बात-बात में बात चली कि वह आठवीं ही पास कर सकी तो मैंने उसे बताया कि मैं भी आठवीं पास ही था-मैट्रिक फेल। लेकिन लगातार सीखने की इच्छा से प्राइवेट पढ़ता गया और एम.ए. अंग्रेजी साहित्य में कर लिया। भाव यह कि पढ़ने की इच्छा रखो। तुम भी और तुम्हारी पुत्री बहुत पढ़ सकते हो। कपिया ने कहा कि सरिता आदि पत्रिकाएँ पढ़ती हूँ। मैंने कहा कि और भी अच्छी पत्रिकाएँ हैं। मैंने कुछ नाम सुझाए। यह भी बताया कि बयालीस रुपए वेतन पाते हुए मैंने

नौ रुपए का मनीऑर्डर किया था, 'माधुरी' साहित्यिक पत्रिका का ग्राहक बनने के लिए। पहली सीढ़ी से आगे कई सीढ़ियाँ चढ़ना है यह तय करो। कोशिश करो। आगे बढ़ो।

14.6.1999

अबीर जी पुराने गहरे मित्र, अब समधी और भाभी से मिलने शाम लोर्डियाँ गया। लौटकर आया तब जीप से उतरने के बाद गले में लगातार दर्द होता रहा। एंजाइना रहा होगा। मुँह में रखने को सोर्बिट्रेट पास में थी नहीं। रखता हूँ, पर कभी भूल भी जाता हूँ। गले में पानी की कमी महसूस होती रही। खिंचाव महसूस होता रहा। घर आकर तीन घंटे तबीयत बेचैन रही। पाँच बार पानी पिया।

9.10.1996

ओम के पास चंडीगढ़ आया हुआ हूँ। एमी भी साथ हैं। हम दोनों, सदा की भाँति, जल्दी जाग कर यहाँ भी चौड़ी सड़कों के आजू-बाजू खड़े पेड़ों की हरियाली का आनन्द लेते घूम आते हैं। आज एमी किसी कारण नहीं चलीं। मैं भी इस नानानुच में देर से निकला। फिर काफी दूर तक और देर तक घूमता रहा। कई दुकानें खुल गई थीं, कुछ खुल रही थीं। उनकी रौनक देखता जा रहा था कि सेक्टर बाईस में एक किताबों की खुली दुकान नजर आ गई। पंजाब बुक सेंटर। खड़े-खड़े कई किताबें सरसरी निगाह से देखता रहा, कुछ अंशत: पढ़ भी लीं। कृष्णकुमार की राजकमल से हाल में प्रकाशित 'विचार का डर' मिल गई। वह और कुछ अन्य किताबें खरीद खुश होकर घर लौटा। तब तक धूप काफी चढ़ आई थी।

आया तो खुशी-खुशी, पर घर पहुँचते ही डाँट पड़ी। एमी फिक्रमन्द स्वर में बरसने लगीं, "कहाँ कर दी इतनी देर? हमें डरा दिया। लगा कि कहीं

रास्ता तो नहीं भूल गए हैं।'' आदि। जब हाथों में किताबें देखीं तब बोलीं, ''तो यह बात हुई? किताबों की दुकान में घुस गए?''

जो हो, दिन भर 'विचार का डर' पढ़ता रहा। थोड़ा-थोड़ा पढ़कर सभी अध्याय देख डाले। तबीयत खुश हो गई। राजा भंजदेव से शासन के युद्ध की व्याख्या करते हुए सामाजिक न्याय और राष्ट्र निर्माण जैसे पदों का ऐसा अच्छा विवेचन किया है कि हर पाठक अपनी नैतिक-सांस्कृतिक दृष्टि पर पुनर्विचार को बाध्य हो जाए।

अपसंस्कृति पर लिखते हैं कि सांस्कृतिक पुनरुत्थानवाद और पश्चिम की अन्धी नकल एक ही मनोदशा के दो विकृत परिणाम हैं। दोनों ही प्रवृत्तियाँ अपसंस्कृति को बढ़ावा दे रही हैं। हिन्दू मन को समझने-समझाने वाले अध्याय में कहते हैं—मेरी समझ में हिन्दू होने का कोई ऐसा अर्थ सोच सकना या बताना बहुत कठिन है। हम भी कुछ हैं और दूसरों से बहुत ही विशिष्ट हैं, हिन्दू आत्ममुग्धता का यह भाव हमारे छोटे-बड़े सब लोगों में लम्बे समय से विद्यमान है। कबीर और बुद्ध ने इस भाव की जोरदार कोशिश की थी, पर हमारे कुछ श्रेष्ठ चिन्तक भी उन्हें भूल चुके हैं। हिन्दू आत्ममुग्धता को यदि कोई घटना विदीर्ण कर सकती थी तो वह महात्मा गांधी की हत्या थी।

कृष्णकुमार फिल्म कला के अच्छे पारखी हैं। कई फिल्मों के कच्चे-पक्के पहलुओं की बारीक समीक्षा की है, जैसे 'सारांश', 'हम पंछी एक डाल के', 'पथेर पाँचली', 'सारा आकाश', 'अंकुर', 'निशान्त', 'मधुमती', 'चक्र', 'दामुल', 'मैसी साहब' आदि।

'रघुवीर सहाय की याद' अध्याय में सहाय जी के जीवन के अनजाने पहलुओं का जीवन्त चित्रण किया है। ज्ञात होता है कि अच्छे पत्रकार, लेखक और कवि रूप में प्रसिद्ध 'दिनमान' सम्पादक अपमान से निकाले गए। उसके बाद उनका जीवन कितना दुखमय हो गया था। कृष्णकुमार समझ गए कि रघुवीर सहाय का 'शरीर और इच्छा जगत उनके मूल्यों का पराभव बर्दाश्त नहीं करेगा। उनकी मृत्यु की आशंका, जो मुझे काफी समय से थी, और गहरी हो गई।'

मंडल आयोग आरक्षण व दलितों पर, कमलादेवी चट्टोपाध्याय, शिक्षाविद् इवान इलिच, भाषा और विचार के तनाव, लड़ाई की इकाई : व्यवस्था, सत्ता

या संस्था ?, विचार और पंथ, मैट्रिक पास सती, मेधा पाटेकर, हिन्दी का सपना, और विचार का डर जैसे विषयों पर भी पूरे अध्याय दिए गए हैं।

'विचार का डर' में कहा है हमारे साहित्य में वैचारिक कृति का दारिद्र्य है। हमारी भाषा में एकमुश्त लिखी गई कोई किताब ऐसी नजर नहीं आती जिसे हिन्दी को छोड़िए, रचयिता की ही उपलब्धि कही जा सके। दर्शन, समाज या संस्कृति, अर्थशास्त्र, राजनीति, मनोविज्ञान और प्राकृतिक विज्ञानों के अध्ययन के किसी क्षेत्र में हम एक भी ऐसी बड़ी रचना नहीं पाते जो मूलतः हिन्दी में सोची-लिखी गई हो। वैचारिक साहित्य की कमी और विचार के डर का इलाज विचार ही है।

30.8.1998

'शिक्षा विमर्श' के सम्पादक राजाराम भादू ने 'साक्षात्कार' के प्रयोजन से कुछ प्रश्न भेजे हैं। संकोच तो ऐसा है कि जवाब शायद न भेजूँ, लेकिन इस बहाने लिखना शुरू किया है। 'शिविरा पत्रिका' के बारे में एक प्रश्न का उत्तर आज यों लिखा—

'शिविरा' का एक लक्ष्य हमारे मन में यह भी था कि शिक्षा विभाग की पत्रिका होते हुए भी वह शिक्षा सम्बन्धी विचारों की स्वतंत्र और निर्भीक अभिव्यक्ति का साधन बने, सरकारी बन्धनों या सीमाओं से मुक्त मौलिक चिन्तन की प्रेरणा का स्रोत बने। कठिन काम था। किन्तु नवाचारी गतिविधियों में विशेष रुचि रखने वाले उत्साही निदेशक अनिल बोर्दिया—जो बाद में मित्र बन गए और आखिरी घड़ी तक मित्रता निभाते रहे—ने हर सरकारी अवरोध को दूर करने की ठान ली। उन्होंने साहस किया तो मुझे भी उत्साह से पूरी ताकत के साथ इस काम को करने की प्रेरणा मिली। सरकार ने जब कभी लिखित में या कभी मौखिक रूप से किसी भी लेखक के खिलाफ कार्रवाई चाही, बोर्दिया जी ने बात हम तक पहुँचने ही नहीं दी। ढाल बनकर खड़े हो गए। मुझ तक कभी एक कागज नहीं आया। बाद में निदेशकों ने मुझे कागज तो सौंपे, मौखिक भी कहा, लेकिन लेखक के विरुद्ध कार्रवाई न करने का मेरा तर्क माना। सभी ने माना।

मेरा तर्क क्या था? यह कि पहले तो मैं सम्पादक हूँ, निदेशक मेरे नियोक्ता हैं, मुझे सजा दें, लेखक को नहीं। दूसरा तर्क यह कि मैं सम्पादक हूँ और सदारत करने वाले स्वयं निदेशक हैं। लेखक को लिखने की आजादी है। जो हमने छापा है, वह अनजाने में नहीं छापा है। भली-भाँति पढ़कर, विचार कर छापा है। फिर लेखक को क्यों हो सजा?...इस तरह सरकार को, जरूरत पड़ी तो शिक्षामंत्री तक को, हम समझाते रहे। सामग्री के चयन के मामले में हमारी मूल प्रेरणा इस में थी कि शिक्षक के पास शिक्षा पर सोचने व परिवर्तन लाने का साधन क्या है? वह क्या पढ़े? हम इसमें क्या कुछ कर सकते हैं।

23.8.1998

बजरंगजी (लोक जुम्बिश वाले) के साथ रवि आया जो कह रहा था कि उसके पिताजी (रमेश जी) बीमार हैं, छुट्टी पर हैं। रक्तचाप की शिकायत है। भाई के डॉक्टर होने के बावजूद इलाज नहीं कराते, दवा नहीं लेते। ताकत की दवा खाते रहते हैं। सुबह सैर के लिए भी नहीं जाते। पूजा-पाठ में जरूर बैठ जाते हैं।

मैंने रवि से कहा कि तुम्हारे दादाजी (हरिकृष्ण 'सरल') के प्रभाव से मैं पूजा-पाठ, देवी-देवता, जनेऊ-चोटी आदि सब छोड़ बैठा—और तुम्हारे परिवार पर उनका कोई प्रभाव नहीं पड़ा?

6.9.1996

जोधपुर के पब्लिक पार्क स्थित बाल पुस्तकालय में जाकर बैठा। कई पुस्तकें देखीं। एक पुस्तक की तलाश थी, हैन्स एण्डरसन की 'फेरी टेल्ज', वह यहाँ मिल गई। न्यूयॉर्क से 1968 में प्रकाशित संस्करण था। कुल तेरह कहानियाँ हैं इसमें। लिखा है कि सभी पूरी हैं, संक्षिप्त की हुई नहीं। पुस्तकालय में बैठे-बैठे 'द अग्ली डकलिंग' कहानी पढ़ी। कुछ पहले पढ़ी हुई थीं।

बाल पुस्तकालय के लाइब्रेरियन का पंखा चलता है, बच्चों के पढ़ने की मेजें जहाँ हैं, वहाँ का पंखा कई दिनों से खराब है। आज भी बन्द था। खैर, रजिस्टर में सभी पुस्तकें दर्ज तक नहीं थीं। मैंने सोचा मिल जाएँ तो देख लूँ कि एण्डरसन की 'टेल्स' की बहन, उतनी ही प्रसिद्ध 'ग्रिम्स टेल्स' भी है कि नहीं। लाइब्रेरियन बोलीं कि सत्यापन कार्य चल रहा है, पन्द्रह रोज में पूरा होगा। उसके बाद वे रजिस्टर पूरा करेंगी। मैंने कहा—एक महीने बाद आऊँ तो? उन्होंने जवाब दिया, 'तैयार मिलेगा।' मैंने तर्क नहीं किया कि पुस्तकें तो आते ही रजिस्टर में लिखते हैं। उसका सत्यापन से क्या सम्बन्ध? पर ऐसा कहता तो वे परेशान हो जातीं।

11.9.1972

दिग्गज साहित्यकारों के बीकानेर आगमन का लाभ लेकर बीकानेर प्रौढ़ शिक्षा समिति ने दो रोज की एक संगोष्ठी रखी है। चर्चा के लिए आज का विषय था 'भारतीय काव्य परम्परा और आज की भारतीय कविता'। चर्चा डॉ. नामवर सिंह ने शुरू की। उन्होंने कहा—अशोक वाजपेयी 'जातीय स्मृति' नाम से परम्परा बोध की बात करते हैं। विपिन अग्रवाल ('नंगे पाँव' के कवि) परम्परा बोध को अनावश्यक व आतंककारी मानते हैं। ये दो छोर हैं।

हर दौर में अलग-अलग व्याख्या की गई है। छायावाद ने भी जोड़ा ही नहीं, पुनर्व्याख्या भी की किसी न किसी परम्परा की। प्रसाद में घनानन्द का प्रभाव भी देखेंगे, निराला में टैगोर-मांसलता अधिक भी। छायावाद भक्तिकाल के प्रभाव में तो था ही, रीतिकाल का असर भी मिलेगा। नई कविता में भी मिथकों का प्रयोग है, नचिकेता को लेकर 'आत्मजयी' लिखा गया। अज्ञेय का बाद का साहित्य जैसे भारतीय अस्मिता की खोज ही है। 1938-39 के आसपास उच्छेदवादी प्रवृत्ति का दर्शन होता है। दूसरा दौर 1959-60 के पास जो लिखा गया उसे सम्पूर्ण अतीत से मुक्त करके उच्छेदवादी-बौद्ध साहित्य से शब्द लें तो 'विच्छिन्न प्रवाह' कह सकते हैं। सम्पूर्ण हिन्दी कविता के इतिहास में ये दो ही अवसर दिखाई देंगे उच्छेदवादी वृत्ति के।

अज्ञेय : आयास जब होता है तो अभिव्यक्ति नहीं होती। नामवर जी जब भारतीय परम्परा की बात कर रहे थे, तब नेरूदा को प्रमाण पुरुष रूप में लेना उचित नहीं था। राजाराव की अंग्रेजी अंग्रेजों की अंग्रेजी नहीं, आयासपूर्वक लिखी गई ब्राह्मण अंग्रेजी थी। नेरूदा का संघर्ष भिन्न था, ऐसा आप कह सकते हैं।

'जातीय स्मृति'...क्यों आपको संस्कार से स्मृति शब्द अधिक उपयोग लग रहा है? न जाने क्यों नामवर जी को 'संस्कृति' से 'अप्रेम' है? स्मृति का उल्लेख कलेक्टिव अनकांशस के अर्थ में हो तो बात अलग है। अनकांशस पहलू भी होगा और कांशस भी। परम्परा का मूल्यांकन होगा तब स्मृति का नहीं संस्कृति का होगा। स्मृति है या नहीं, उसका मूल्यांकन नहीं होगा।

उच्छिन्न करने का प्रयास कहते हैं कि दो या तीन बार हुआ है। कविता की जमीन क्या एकान्त मेरी है? उनकी नहीं है जिनसे कविता जुड़ी हुई है? पाठक, सामाजिक की नहीं है? प्रयास अनुकूलता का भी हो सकता है, तनाव व प्रतिकूलता का भी हो सकता है। प्रीतिकर भी और अप्रीतिकर भी।

परम्परा कहाँ है? यह प्रश्न भी सही है। वह क्या है? यह प्रश्न भी सही है। परम्परा मूल्यों का समूह है। सम्बन्ध बदलते रहते हैं। हम में नहीं है, आप कहते हैं 'जन' में हैं तो वह जन कौन है? जन की दृष्टि कहाँ से आई? क्या यह भी पश्चिम से प्रभावित नहीं है? अच्छे प्रभाव भी होते हैं? बुरे प्रभाव भी होते हैं। प्रभाव से हम क्या करते हैं यह महत्त्वपूर्ण है। हमारी जमीन कोई मिट्टी नहीं है, हमारी जमीन हम हैं। तभी उच्छेद या एलिएनेशन का भान पैदा होता है। टूटन तभी पैदा होती है। भौगोलिक जमीन से जोड़ते हैं तो वह फासिस्ट प्रवृत्ति हो जाती है। मेरे भीतर जो देश है वह मेरा देश है। कॉनरैड कोई एंग्लो-पोलिश लेखक नहीं कहता है। भारत में अंग्रेजी में लिखो तो इंडो-एंग्लियन लेखक कहते हैं।

12.9.1972

कविता का सत्य : संगोष्ठी का दूसरा दिन।

अज्ञेय : इस विषय को सबसे कम आवश्यक मानता हूँ। लय आदि की चर्चा अनिवार्य है। मुझे जो कहना है वह एक सम्प्रदाय की बात है। आप चाहें तो यही सुनें, बाकी बात अनसुनी कर दे सकते हैं। मैं मानता हूँ—बिना माने

भी चल सकता है, चल रहा है—कविता या कि कोई भी कला ज्ञान का साधन है। विवादास्पद है, बहुत से लोग कहेंगे। मैं कहता हूँ यह 'कुछ' जानने का साधन है, सत्य जानने का एक साधन है।

पहले दूसरे प्रकार के सत्यों की बात करें। विज्ञान का सत्य पहले लें। विज्ञान में प्रयोग सत्य तक पहुँचने का एक रास्ता है या एकमात्र रास्ता है? प्रयोग की आवृत्ति करना सम्भव होना चाहिए। वही परीक्षण दूसरों के लिए कर सकना सम्भव होना चाहिए वेरिफिकेशन के लिए। विज्ञान का सत्य व्यक्ति के साथ नहीं बाँधा जा सकता। यह एक आरजी सच्चाई है। नए प्रयोग से बदल सकता है। वैज्ञानिक साहित्य का यही रूप है।

समाज शास्त्र का (या मानवीय विज्ञानों का) सत्य भी होता है। ये विज्ञान हैं कि नहीं, यह बहस होती रहती है। वेरिफिकेबल परीक्षण इसमें नहीं हो सकते ऐसा भी है। भीड़—युद्ध आदि की आवृत्ति आप नहीं करवा सकते। उन्हीं नियमों या शर्तों के अधीन हो, यह संदिग्ध है। इसीलिए समाजशास्त्र का सत्य उस तरह का नहीं होता, जैसा विज्ञान का।

ऐतिहासिक सत्य भी होता है, नकारा नहीं जा सकता। सबसे पोला या खोखला सत्य ऐतिहासिक सत्य ही होता है। सत्य से उतर कर तथ्य पर जाना होगा इतिहास में। 'भारत आजाद हो गया' इस ऐतिहासिक सत्य का क्या अर्थ होगा? ज्यों-ज्यों विचार करते हैं, त्यों-त्यों दूर हटते चलते हैं। घटना का इतना शुद्ध रूप मिल सकता तो ऐसा नहीं होता। विज्ञान के सत्य के साथ ऐसी बात नहीं है। इतिहास के सत्य के दो से पचास मत हो सकते हैं। निरपेक्ष होकर न देखना चाहें 'आजादी' के सत्य को तो पानीपत की लड़ाई के तथ्य को देखें। उसमें भी मतों की या रायों की अधीनता रहेगी।

एक और कोटि है—पत्रकारिता का सत्य। रेल दुर्घटना एक तथ्य है, उसके साथ तुरन्त कोई न कोई आग्रह होता है। लापरवाही से हुई या कैसे हुई, तथ्यता को संदिग्ध बनाती है। पूर्वग्रहयुक्त होता है। वैज्ञानिक सत्य काम आए या न आए, वह शोध होता है। किसके काम आए, इसका पूर्वग्रह नहीं होता। लेकिन इससे यह निर्णय न लें कि सत्य होता ही नहीं। सत्य होता है तो इसी तरह सामने आता है।

कविता का सत्य इनमें से किसी कोटि में नहीं आता। कविता में विज्ञान का सत्य भी हो सकता है, इतिहास का भी हो सकता है, किन्तु कविता का

अपना सत्य भिन्न होता है। इस पर विचार होना चाहिए। ईमानदारी का प्रश्न व प्रतिबद्धता का प्रश्न भी सत्य के साथ कहीं न कहीं जुड़ा हुआ है। अनुभूति का, क्षण का भी प्रश्न सत्य के साथ, सत्य के शोध के साथ, जुड़ा हुआ है।

अंग्रेजी में कहते हैं 'टू' या 'अनटू' का नहीं, 'टू टू' का सवाल होता है। सत्य किसी के प्रति होता है। यहाँ प्रतिबद्धता का संकेत है। अनुभूति के प्रति, या समाज के प्रति, आदि। हो सकता है इनमें से कोई उत्तर पर्याप्त न हो। ऐसा नहीं कि आप किसी बाहरी कसौटी से कविता को परखते हों। कविता—या कि पूरा का पूरा साहित्य या कला—की परख भीतर की किसी कसौटी से हो सकती है।

सच्चाई वर्ग पर आधारित नहीं है। वर्ग का हो या न हो, मनोविकार ग्रस्त हो या न हो, वह चीज आपको सच लगती है या नहीं, इससे आगे आपका कविता का या साहित्य का सत्य नहीं होता। उसी में—उसी एक रचना में—वह कसौटी होती है। हम जानते हैं कि सभी पात्र कल्पित हैं, फिर हम सच की खोज क्यों करते हैं। जो क्रियाकलाप उपन्याास में है, या कविता में है, उसी को हम कसौटी बनाते हैं। दूसरे प्रश्न भी हो सकते हैं किन्तु वे सच्चाई के काम के नहीं। यह भी प्रश्न हो सकता है कि दूसरे सत्यों के प्रति कवि की क्या दृष्टि है। छोटे क्षेत्र का सच है इस कारण वह अमान्य हो गया है, इस निर्णय पर पहुँचने का आलोचक को अधिकार नहीं है।

डॉ. नामवर सिंह : ईमानदारी और सच्चाई का सवाल उठाया तो कई संशय रह गए थे। कविता के सन्दर्भ में 'सत्य' का सवाल उठाना बड़ा जोखिम का काम है। संस्कृत के काव्यकार, शास्त्रकार इससे बराबर बचते रहे। सत्यासत्य का विचार अप्रयोज्य ही नहीं, उपहासास्पद भी है। व्यंग्य को 'सत्य' नहीं, 'रस' कहा। सत्य-असत्य का प्रश्न उठाना ही नहीं चाहिए।

अनुभूति के मूल्यांकन का प्रश्न जरूर उठा है। उसमें विचार हुआ कि यह योग के या दर्शन के समकक्ष है या नहीं। यही सही है कि कविता का अपना एकान्त सत्य होता है। मानवीय सन्दर्भ, जो सामाजिक, ऐतिहासिक सन्दर्भ होता है, उसको अज्ञेयजी क्यों छोड़ देते हैं? अनुभूति के उपकरण क्या हैं? कहाँ हैं? समीक्षक यह देखें तो गलत नहीं। मानवीय मूल्यों का निरूपण भी करता है कवि कविता के माध्यम से। कवि अपने सामाजिक

दायित्व से न भागना चाहे तो कवि के सत्य का समाज व इतिहास के सत्य से समन्वय कर कविता के सत्य का निर्माण कर सकता है। अन्यथा इतिहास व सामाजिक सन्दर्भों से कटकर कविता का सत्य खोखला होगा।

प्रकाश विकर्ष युक्त माना जाता है। 'ब्रह्मानन्द सहोदर' कहा है, 'ब्रह्मानन्द' स्वयं नहीं। रिचर्ड्ज ने कहा, कविता विज्ञान के समकक्ष नहीं है, कविता सत्य का दावा नहीं कर सकती। एक परम्परा पश्चिम में और भी है जो कविता के सत्य को विज्ञान से ऊपर स्थान देती है। जैसे कैसिंडर आदि। लेकिन जब दो सत्य मानेंगे—ऊपर हो या नीचे—तो सवाल होगा कि दोनों में अधिक सही सत्य कौन है? इसी कारण उचित यही होगा कि साहित्य या कविता के सन्दर्भ में सत्य का सवाल उठाया ही न जाए। यह जोखिम अनुकूल नहीं है।

लेकिन एक दूसरे स्तर पर इसका राजनीतिक पहलू भी है, जहाँ पुस्तकों पर प्रतिबन्ध लगाया जाता है।

जब हम हाथी और अन्धों का उदाहरण देकर अराजकता फैलाते हैं। अज्ञेय जी के वक्तव्य का अंश ही लें। ईमानदारी का सवाल उठता है, प्रतिबद्धता का भी उठता है। कौन चालू बात कह रहा है, कौन प्रामाणिक और ईमानदार है, इसे मर्मज्ञ जान सकते हैं। प्रामाणिकता और ईमानदारी का सृजन कम हो रहा है। कथ्य और कथन में संगति है या नहीं, भाषा उसका साथ दे रही है या नहीं, यह जाँच करना भी जरूरी है। छल कहाँ करता है, यह देखना असंगत नहीं है। सत्य की जाँच का एक स्तर है कि शुद्ध लफ्फाजी है या अपेक्षाकृत अनुभूत सच है।

ईमानदारी ही काफी नहीं है, समझदारी भी जरूरी है। सत्य केवल ईमानदारी से ही नहीं जाना जाता। कुछ कवि जरूरत से ज्यादा समझदार होते हैं। जो चालाकी है, वह धूर्तता है। सच्चे क्रांतिकारी और प्रोफिटियर के एजेंट में भेद हुआ करता है। वस्तुगत आधार प्रगाण के लिए क्या हो?

यह रास्ता कमिटमेंट की ओर ले जाता है। सत्य के भिन्न मूल्यांकन, भिन्न दावे मौजूद हैं। इस दौर में ऐसे कवि हो सकते हैं, जिनकी स्थिति मानसिक रूप से भी संघर्ष के इस बिन्दु पर है कि नहीं यह देखा जाना बहुत जरूरी है। असली बातें कहना जोखिम का काम है। मानव नियति जहाँ स्टेक पर है उसे पहचान रहा है कि नहीं, उस हद तक उस कवि की मूल्यवत्ता बढ़ेगी। मुद्दा

यह है कि वह यह बताए तो सही। कवि करता है कि नहीं, यह जाँच करनी होगी। समाजशास्त्री, इतिहासकार की तरह कवि भी अपने माध्यम से उस सार्वजनिक नियति को, पब्लिक इश्यूज को, संकट को देखता है—पर प्रस्तुत करता है कि नहीं। पंत–महादेवी, कतराते रहे। निराला और प्रसाद जूझे। यह भेद है। समर्थ कवि अपनी रचना प्रक्रिया से, अपने–अपने तरीके से, उन प्रश्नों से जूझते हैं।

छद्म प्रयास भी हुए हैं। 'कनुप्रिया' में इतिहास बोध को गम्भीरता से नहीं व्यक्त किया गया है, जैसा कि अन्य दो कवियों ने किया है।

उस मुद्दे को खुद पहचानना और प्रकाशित करना ही काफी नहीं है। लेकिन मोहजाल या भ्रांति को सत्य से अलगाने का प्रयत्न भी आवश्यक है। चूक भी हो जाती है, बड़े–बड़े साहित्यकारों से भी। प्रसाद से कामायनी में हुई, बाल्जाक से भी हुई।

(संगोष्ठी में, विजेन्द्र, महावीर दाधीच, मंगल सक्सेना, नन्दकिशोर आचार्य आदि ने भी शिरकत की थी। इनके नोट्स भी डायरी में हैं। पर यहाँ केवल अतिथि विद्वानों के वक्तव्य लिये हैं।)

21.3.1984

मनीषी याज्ञवल्क्य गुरु ने कल जयपुर के सूचना–केन्द्र में मेरी पुस्तक 'आज की शिक्षा कल के सवाल' का विमोचन किया। हृदयरोग से ग्रस्त था। जा ही न सका।

याज्ञवल्क्यजी ने यह अच्छी बात कही कि विडम्बना है कि हमारी शिक्षा–संस्थाएँ न तो ऐसा वातावरण बना सकीं कि समाज एक परिवार बन सके, न ऐसे नागरिक दे सकीं जो लोकतंत्र को मजबूत बना सकें। लोकतांत्रिक समाज का वास्तविक निर्माण शिक्षा के जरिए ही होता है।

जब तक हम शिक्षक को शिक्षा का केन्द्र नहीं बनाएँगे, तब तक सही मायने में शिक्षा सम्भव नहीं है।

6.6.2012

सुनील प्रसिद्ध समाजसेवी हैं। 'शिक्षा का अधिकार' कानून पर उन्होंने जो लिखा था, वह मैंने पढ़ा था कुछ माह पहले। अभी एनसीईआरटी की पाठ्य पुस्तकों के कार्टून विवाद पर जो लिखा, उस पर उनको आज पत्र लिखा कि संसद और सरकार को सब अधिकार है किन्तु शिक्षा के साथ उन्होंने इस प्रसंग में जो व्यवहार किया है वह कदापि सही नहीं है।

मैंने भी सरकार की शिक्षक-प्रशिक्षण सम्बन्धी नीति पर पुनर्विचार के प्रस्ताव के साथ एक लेख 'शिक्षा विमर्श' के अध्यापक विशेषांक के लिए लिखा है--'कैसा अध्यापक सार्थक शिक्षा लाएगा।' विशेषांक के अतिथि सम्पादक थे कृष्णकुमार। उन्होंने लेख पढ़ा तो पहले तो अनमने रहे, शंकाएँ भी प्रकट कीं। फिर ऐसे सन्तुष्ट हुए कि मेरे नरम से शीर्षक को बदलकर सीधा और तीखा शीर्षक दे दिया 'क्या जरूरत है बी.एड. की ?' और अपने संपादकीय में इस लेख पर विशेष बल देकर पाठकों को बहस के लिए आमंत्रित किया।

19.2.1998

आज राजस्थान पत्रिका में कुशलकरण साँचीहर का लेख आया है 'शायरी-और हास्य-व्यंग्य के हस्ताक्षर प्रेमशंकर श्रीवास्तव'। पढ़कर मुझे बहुत खुशी हुई। प्रो. श्रीवास्तव हमें कॉलेज में अंग्रेजी पढ़ाते थे। उनकी शायरी भी मुशायरों में खूब सुन चुका हूँ। पान खाने का उन्हें बहुत शौक था। जोधपुर में मैं उनके घर गया तो नीचे तहखाने में ले गए, जो पुस्तकों से भरा था। खूब पढ़ते थे। अंग्रेजी साहित्य पर गजब का अधिकार था। एक कविता को महीनों पढ़ाते। हम आत्मविभोर हो उनकी व्याख्याएँ सुना करते थे। यह 1952-53 की बात है। उनके जैसा साहित्य-प्रेमी शिक्षक, जो स्वयं साहित्य रचयिता भी हो, विरला ही मिलता है।

30.1.2006

रात बिज्जी (विजयदान देथा) की कहानी पर बनी फिल्म 'पहेली' देखी। दुनियादारी में फँसे पतियों के लिए सीख ही है कि वे अपनी पत्नी के फूल से कोमल अन्तर्मन को समझें, प्राथमिकता दें, और अन्य कोई भी लोभ-लालच छोड़कर दुनियादारी की तुलना में अपने भीतर प्रेम भाव (भूत के प्रतीक रूप में फिल्म में, कहानी में) को प्रतिष्ठित करें। मणि कौल इसी कहानी पर बरसों पहले 'दुविधा' (मूल कहानी का यही नाम था) बना चुके हैं। पर वह कलात्मक थी। यह व्यावसायिक है।

14.10.1976

आपात्काल में बौद्धिक गतिविधियाँ क्षीण हैं, पर इस बीच में अज्ञेय फिर बीकानेर आए हैं। रामपुरिया कॉलेज में उन्होंने राजपाल सिंह स्मृति व्याख्यान दिया। विषय रहा 'सभ्यता का संकट'। उन्होंने स्वाधीनता की बात जोर देकर की, मूल्यों के संकट को भी कुरेदा। कुछ नोट्स—

सभ्यता पर संकट हो तो उसका निरूपण जरूरी है। साहित्यकार इसका दुस्साहस कर सकता है। उसमें वह सफल हो, चाहे न हो।

यह दुस्साहस करने से पहले कह दूँ—कि जानकारी के रूप में मेरे पास नया कुछ नहीं है। दुनिया में जानकारी का, कोई तथ्यों का इतना अम्बार लग गया है कि मनुष्य उसके नीचे दबता दिखाई देता है। फिर भी इसी के बीच प्रकाश की कोई दिशा खोजनी होगी।

सभ्यता क्या है? समय के साथ-साथ इसकी परिभाषा बदली है। फिर भी सभ्यता मानव जाति में दूसरों के साथ रहने की कला है। रहने में सुख-सुविधाओं, यांत्रिक सुविधाओं की बात जुड़ जाती है। इस तरह सभ्यता का विकास टेक्नोलॉजी के विकास का पर्याय बन जाता है। भले ही एक स्थान पर उपयोगी यंत्र-विद्याएँ दूसरी जगह उपयोगी हों या न हों। इसीलिए भारत में गांधीजी जैसे चिन्तकों की विचारधारा का महत्त्व है। पश्चिम के

विकास को, उनकी टेक्नोलॉजी को ज्यों का त्यों नहीं अपनाया जा सकता। हमारे और उनके बीच एक खाई है, सभ्यता के संकट का एक रूप यह भी है।

दूसरा पहलू सभ्यता का नहीं, संस्कृति का है। इन दोनों में अब भेद किया जाता है। सभ्यता में बाहरी उपकरणों की जबकि संस्कृति में जीवन की बात होती है। इसमें आस्था का, धार्मिक विश्वासों के संकट का सवाल आ जाता है। पर मैं संस्कृति को अधिक विस्तृत रूप में देखता हूँ।

संस्कृति का पहला मूल्य स्वाधीनता है। मनुष्य ने और केवल मनुष्य ने इसका विकास किया। यह पहला मानव-मूल्य है। स्वतंत्रता-स्वाधीनता ही संस्कृति का आधार-मूल्य है। मूल्यों का संकट संस्कृति का संकट होता है। प्राण से भी बड़ा मूल्य होता है, यह विचार मानव की सृष्टि है कि स्वाधीनता एक ऐसा मूल्य है, जिसके लिए प्राण तक दिए जा सकते हैं। यदि वह यह शंका करने लगे कि क्या स्वाधीनता भी कोई प्राण देने वाला मूल्य है, तो समझिए कि संकट आ गया है।

क्या मूल्य होते भी हैं? उनमें कोई सार भी है? पश्चिम और पूर्व दोनों में ऐसे प्रश्न लोग उठाने लगे हैं। इसे हवा कहिए या बीमारी कहिए, फैल रही है। हवा कहिए या आपाधापी कहिए, है। जीवित बने रहना (सर्वाइवल) बड़ा है, जिनके लिए, अपना लाभ-अपना स्वार्थ बड़ा है, अपना जीवन सबसे बड़ा है, उनके लिए कोई मानव-मूल्य नहीं हैं।

यह बात मैंने एक आदमी के लिए नहीं, मानव मात्र के लिए कही कि स्वाधीनता जीवन से बड़ा मूल्य है। उसके पास भाषा है, प्रतीक हैं। प्रतीक-सृष्टा मानव है।

आज मानना होगा कि आस्था का संकट है। कई समकालीन लेखक मानते हैं कि आस्था का कोई आधार नहीं है। मान भी लें कि हजारों वर्षों तक देश आस्थावान था, कुछ न कुछ था, जिसके लिए प्राण दिया जा सकता था। तो क्या आज कुछ भी नहीं है, जिसके लिए प्राण दिए जा सकें?

पश्चिम में भी आस्था का संकट है। आज वे श्रद्धाहीन हैं, एब्सर्ड नाटक तक पहुँच गए हैं। अनास्था का युग आता है तो मानना चाहिए कि इससे पहले आशा टूटने के क्लेश का युग भी आया होगा।

भारतीय साहित्य में ऐसी टूटन का प्रमाण कहाँ है? या तो हम मान लें कि हमारा साहित्य झूठा है, या यह मान लें कि यह देश सदा से ही पाखंडी रहा है। तीसरा कोई कारण हो नहीं सकता। प्रेमचन्द ने और निराला ने एकाध जगह ऐसा बताया है कि भक्त ईश्वर से कुछ माँगता है, पर वह नहीं मिलता तो मूर्ति को उठाकर फेंक देता है। पर यह कोई माँग-पूर्ति की बात नहीं है। सम्बन्धों की बात है।

संत्रास की चर्चा तो है, पर संत्रास किसका यह चर्चा नहीं है। संत्रास इम्पोर्टेड है—संत्रास नहीं, संत्रास की शब्दावली आयातित है। अपने ही जीवन की पहचान नहीं है।

जो समाज अभी भी मानता है कि कुछ मूल्य होते हैं, जिनके लिए प्राण दिए जा सकते हैं, उसके लिए यह कहना सही नहीं है कि मूल्यों का या संस्कृति का संकट है? क्या हमारा साहित्य हमारे समाज को अनदेखा कर साहित्य रचना कर रहा है?

12.6.2006

ऐसा कब-कब होता है कि आप चालीस-पचास वर्षों से जिस कवि को बार-बार पढ़ते आए हों, एक रोज अचानक आपकी देहरी पर खड़े मिलें? केदारनाथ सिंह ऐसे की प्रकट हुए, फिल्मकार के. बिक्रम सिंह के साथ। उनके साथ राजस्थानी कथाकार मालचन्द तिवारी भी थे। वे लोग बीकानेर से चले और जैसलमेर जाते हमारे घर चले आए। दिल्ली लौटकर बिक्रमजी ने केदारजी के साथ मेरी सुन्दर तस्वीर भेजी है। यहाँ उन्होंने कुछ तस्वीरें खींची थीं। अच्छा लगा कि उन्होंने याद रखकर भेज दीं।

केदारजी को तीसरा सप्तक से पढ़ता आया हूँ। लगभग सारे संग्रह पढ़े हैं। उनका गद्य भी मुझे प्रिय है। दैनिक हिन्दुस्तान में वे स्तम्भ लिखते थे, जो पता नहीं क्यों बन्द कर दिया। उनकी कविता में ही नहीं, गद्य में भी माटी की सोंधी महक मिलती है। मानवीयता काव्य में हर जगह उभर आती है। सोचता हूँ उनके साथ अपनी तस्वीर फ्रेम करवा कर रखूँ।

13.12.2006

बिज्जी को आज 'पहेली' के विषय में फिर लिखा। 'पद्मश्री' से सम्मानित होने की बधाई दी और जनसत्ता में छपे एक लेख 'भूत का उपचार' की सूचना की। किन्हीं राजकुमार ने 'पहेली' की खूब प्रशंसा की है। उन्होंने अपने कथन की पृष्ठभूमि यह दी है कि 'जितने भी चैनल हैं अधिकतर में भूतों से जुड़ी कुछ न कुछ खबरें आती रहती हैं...अब सोचिए ऐसे में पत्रकारिता का पहला ही पाठ—'खबर क्या है' पढ़ाना कितना मुश्किल काम है। फिर आगे लिखते हैं, 'आज के सन्दर्भ में अखबारों और चैनलों को चाहिए कि लोकमानस में प्रचलित भूत-प्रेत की कथाओं का इस्तेमाल एक बेहतर समाज की रचना के लिए करें। जैसा कि अमोल पालेकर ने 'पहेली' बना कर किया या जेरी जकर ने 'घोस्ट' फिल्म बनाई। या फिर जैसा उपयोग हिन्दी के उत्कृष्ट कवि मुक्तिबोध ने किया (कहानी 'भूत का उपचार', कविता 'अँधेरे में')। विजयदान देथा की दृष्टि की कलात्मकता यह है कि वे लोककथाओं को—जिनमें चीजें परस्पर उलझी हुईं और गड्डमड्ड रहती हैं—नैतिक, आदर्शवादी, सच्चरित्र और ईमानदार बनाकर पेश करते हैं।'

6.11.2009

कल जनसत्ता के संस्थापक-सम्पादक प्रभाष जोशी का देहावसान हो गया। पत्रकार रहे प्रभाष जी साहित्य, राजनीति और सामाजिक-सांस्कृतिक सरोकारों से भी गहरे जुड़े रहे। क्रिकेट से अथाह प्रेम था। सुनते हैं क्रिकेट का मैच देखते-देखते कोई ऐसा प्रसंग देखा, जिसकी वे कल्पना नहीं कर सकते थे। उन्हें धक्का लगा और उसी वक्त उनके प्राण-पखेरू उड़ गए।

जब अपना बाईपास मुम्बई अस्पताल में कराके आए और मेरे एंजाइना के बारे में सुना तो मुझे भी बाईपास करा लेने की सलाह दी थी। तब मैंने मना कर दिया। 2001 में एम्स में जब मेरा बाईपास हुआ तब अस्पताल आए थे। कुछ दिनों बाद उषाजी के साथ घर भी आए।

अहंकार उनमें जरा न था। सादे परिधान को भी नफासत से पहनने का शौक था। सुना कि धोती बाँधने में आधा घंटा लगा दिया करते थे; पटली को अपना मनपसन्द रूप देने के लिए।

अशोक वाजपेयी ठीक कहते हैं कि प्रभाष जी उन गिने-चुने पत्रकारों में थे जो व्यापक समाज के बारे में गम्भीरता और जिम्मेदारी से सोचते और अपना मत पूरी बेबाकी से व्यक्त करते थे। उन्हें जो नापसन्द था, उस पर भरपूर वार करते थे। चन्द्रशेखर पर बहुत निर्ममता से लिखा।

उन्हें अनुष्ठान से प्रेम था, किन्तु मानते थे कि हिन्दू होने का धर्म वह नहीं जो संघ परिवार सिखाता है। बल्कि हिन्दू होने का मर्म वह है जो हमारी वास्तविक परम्परा और समाज के मूल्यों को निर्मित करता आया है। साम्प्रदायिक तत्त्वों और छद्म राष्ट्रवाद के विभिन्न मुखौटों को उधेड़ती उनकी टिप्पणियाँ हमारे आस-पास बनाए जा रहे एक बुरे हिन्दू की जगह एक अच्छे, सच्चे और नैतिक हिन्दू को प्रतिष्ठित करती हैं। यह सिद्ध करते हुए कि हिन्दुत्व की संघ-परिवारी परिभाषाएँ व्यापक हिन्दू समाज में पूरी तरह अमान्य हैं।

26.1.2001

आज सुबह 8.58 पर भूकम्प आया। पहले मेरी कुर्सी हिली। फिर पूरा घर ही हिलता नजर आया। सभी दौड़ कर बाहर आ गए। पास-पड़ोस के लोग भी जमा हो गए। इस संकट में भी प्रसन्न रहने के लिए किसी ने मजेदार बात कही। बोला, आज 26 जनवरी है। यों तो हम कोई बाहर आकर जमा होते नहीं। भूकम्प हमें आपस में मिलाने के लिए घर से बाहर ले आया है।

दोपहर तक जयपुर, जोधुपर, बीकानेर और दिल्ली से फोन आ गए। टी.वी. पर समाचार भी कि भूकम्प का केन्द्र भुज था। भुज और अहमदाबाद में सात सौ लोग मारे गए। सैकड़ों मकान गिरे। भुज में तो कोई मकान नहीं बचा होगा, ऐसा कहा है विशेषज्ञों ने। भूकम्प का मुम्बई में भी कुछ असर हुआ। दिल्ली, चंडीगढ़, हैदराबाद तक भी।

22.2.2001

बीबीसी पर सुबह स्वामी अग्निवेश ने कहा कि कुंभ स्नान से कोई लाभ नहीं। लाखों–करोड़ों आदमी पाप धोने के लिए वहाँ स्नान करते हैं और समझते हैं कि उन्होंने फिर से नए पाप करने का लाइसेंस प्राप्त कर लिया। कुंभ मेला या महाकुंभ अन्धविश्वासों का महामेला है, समय और पैसे की बरबादी है। इससे तो यह अच्छा होता कि ये सारे लोग मिलकर देश में जो व्यापक सामाजिक कुरीतियाँ हैं उन्हें दूर करने में लग जाते और जैसे बाल–विवाह, सती, शोषण, बालश्रम, आर्थिक–सामाजिक विषमताएँ, धार्मिक अन्धविश्वास आदि। कुंभ तो और अधिक विषमताओं की जड़ें मजबूत करता है, अन्धविश्वासों को बढ़ाता है। इस मेले से कोई लाभ नहीं। सही बात है।

20.3.2001

बीकानेर गया डॉक्टर को दिखाने। वहाँ मेरे परम मित्र अवधबिहारी वाजपेयी आए हुए थे। वे उसी दिन उदयपुर जा रहे थे। उन्हें छोड़ने स्टेशन गया। लौटते वक्त प्लेटफॉर्म पर ही एक उपलब्धि हुई। लघु पत्रिका 'गूँज' का पुराना मुड़ा–तुड़ा अंक मिल गया पन्द्रह रुपए में। घर आकर देखा तो पाया कि लाखों की कमाई कर ली, इतनी कीमती सामग्री है रामविलास जी पर। अंक के वर्ष–माह का कुछ पता नहीं। अंक संख्या जरूर लिखी है और यह भी कि स्मृति अंक है। फोंट इतना बारीक है कि चश्मे बगैर पढ़ नहीं सकते। अर्थात् सामान्य अंक से दुगुनी–तिगुनी सामग्री मिली।

21.3.2001

पी.बी.एम. अस्पताल में डॉ. डी.के. से बात हुई। बोले एमिफ्रू 40 जो फलोदी में डॉ. सतीश ने सुझाई, वह ठीक है। फिर उन्होंने जोर देकर वही बात दोहराई जो डॉ. राजा बाबू ने भी कही थी, कि एंजियोग्राफी कराओ। शाम तीन बजे की बस से फलोदी लौट आए।

25.3.2001

बोर्दिया जी का फोन आया कि वे मुझे दिल्ली ले जाने को आ रहे हैं। मैंने मना किया। कहा मई में चला जाऊँगा। मोना, गिरिराज की परीक्षा के बाद। लेकिन वे काफी जोर देकर आग्रह करते रहे।

27.3.2001

बोर्दिया जी को एक लम्बा पत्र लिखा जिसमें बीकानेर अस्पताल में हुए इलाज और इंजेक्शनों-दवाइयों का विवरण देते हुए विनम्र निवेदन किया कि अब अतिरिक्त उम्र पाने की मेरी इच्छा नहीं है। आदमी चोला ही तो बदलता है। जीवन में आवागमन स्वाभाविक है। जीवन को स्वाभाविक गति से ही चलने देना चाहिए।

3.5.2001

जयपुर से रमेश आया आग्रह करने कि ऑपरेशन जरूर कराऊँ। चाहे जयपुर, चाहे दिल्ली। खर्च की जरा भी चिन्ता न करूँ।

15.5.2001

ओम का फोन तीन बार आया उसी आग्रह के साथ कि आना है। टिकट लिया जा रहा है।

दीपचन्द का फोन आया कि हम दोनों का 17 मई का टिकट ले लिया है।

16.5.2001

आखिर रवाना होना पड़ा। तीन बजे की बस से फलोदी से चले। शाम सात बजे बीकानेर पहुँचे।

17.5.2001

सुबह साढ़े आठ की गाड़ी से रवाना हुए और शाम सात बजे दिल्ली पहुँचे। आज ट्रेन में पाँव ऊपर रहे हैं, दिन भर लेटा हूँ या पाँव ऊपर करके बैठा हूँ। फिर भी सूजन टखनों पर, पिंडली की नली पर और पैरों की अँगुलियों पर वैसी की वैसी है।

18.5.2001

बोर्दिया जी घर आए। अस्पताल चले। ओम ने समय ले रखा था डॉ. वेणुगोपाल से। बारह बजे मिले। वे कागज देखकर बोले ऑपरेशन भी करना पड़ सकता है। पहले एंजियो करेंगे। डॉ. के.के. तलवार से मिले। सोम को भरती होने को कहा है। जाँच होगी। फिर मंगल को एंजियो।

शाम बोर्दिया जी खाने पर आए। उन्होंने बताया कि एम.के. काव (शिक्षा सचिव, भारत सरकार) ने एनसीईआरटी से 'जर्नल ऑव् मोरल एजूकेशन' नाम की पत्रिका शुरू कराई। उसका परिचय देने के लिए भूमिका रूप में पहला लेख खुद लिखा, जिसमें कहा कि एक धर्मग्रन्थ को मानने वाले लोग देश में जब तक रहेंगे तब तक बहुलवाद नहीं आ सकता। बहुलवाद वे ही ला सकते हैं जो नाना देवी-देवताओं को मानते हों। बोर्दिया जी ने उन्हें पत्र लिखा कि ऐसा कहना संविधान के खिलाफ है। आप इस्तीफा दें या क्षमा याचना करें। तब पत्रिका के अगले अंक में उन्होंने, गोल-मोल ढंग से, क्षमा याचना की।

26.5.2001

बाईपास हो गया। छठी मंजिल पर स्थित कार्डियेक थोरेसिक वार्ड के कमरे से स्ट्रेचर पर नीचे ले गए। ऑपरेशन थिएटर के बाहर एक डॉक्टर ने बाँह में इंजेक्शन देकर गोला लगाया और कहा, थोड़ी जाँच की है। पर वह सुई शायद अनैस्थेसिया की थी क्योंकि थिएटर के भीतर जाने से पहले मैं बेहोश हो गया था। यह मुझे अगले दिन होश आने पर समझ आया। शाम तक ऑपरेशन हुआ होगा क्योंकि, जब सुबह पाँच बजे होश आया तब मेरे शरीर में जगह-जगह कई तार व नलियाँ लगी हुई थीं। मैं बोल नहीं सकता था। हाथ-पाँव भी सुन्न थे। देख जरूर सकता था। हल्के होने की तीव्र शंका महसूस की तो हाथ की अँगुली से इशारा किया। नर्स ने कहा, कथीटर लगा है। बाद में फिर उसने जगह-जगह लगे तार-नलियाँ निकाल दीं। सुबह सात बजे सबसे पहले रमेश आया। टोपी से लेकर स्लीपर तक सब अस्पताल के कपड़े। मैंने पहचान लिया। आईसीयू में जो भी मिलने आता है, उसे ये सब पहनने ही पड़ते हैं। संक्रमण से बचाव के लिए। लौटने पर धुलने को एक तरफ डाल दिए जाते हैं। शाम को लाल आया। ओम ने बताया कि कुछ समय पहले बोर्दिया जी डॉक्टर की विशेष अनुमति से मुझे देख गए थे। तब मैं शायद तंद्रा में था। बोर्दिया जी को रात ही विदेश जाना था।

1.6.2001

शुगर घट नहीं रही, इसलिए छुट्टी मिल नहीं रही।

चंडीगढ़ के एण्डोक्रोलोजिस्ट मित्र डॉ. अनिल भंसाली देखने आए। उन्होंने बताया कि ऐसे भारी ऑपरेशन के बाद अक्सर शुगर बढ़ जाती है। इस अवस्था में यूग्लूकोन न लें। बाईपास हुआ है तो ग्लाइसीफेज भी ठीक नहीं। बाकी यहाँ (एम्स) के विशेषज्ञ देख लेंगे। फोन दौड़े। डॉ. खन्ना और उनके सहायक आए। डॉ. निखिल टंडन भी आए। डॉ. तलवार ने खुद डॉ. भंसाली से बात की। इंसूलिन दिन में चार बार कब-कब कितना यूनिट लूँ, यह तय हुआ।

बीकानेर से डॉ. राजा बाबू, डॉ. पूनिया और डॉ. बिहाणी आए। पानीपत से अवधजी का लड़का डॉ. अनिल वाजपेयी भी हाल जान गया।

प्रभाष जी देखकर गए ही थे। ओम ने बीकानेर में हुए प्रौढ़-शिक्षा सम्मेलन में प्रभाष जी के भाषण की घटना सुनाई। लगा कि प्रभाष जी और रमेश जिस युग में रह रहे हैं, जी रहे हैं, उनको वही युग-शक्ति देता है। प्रभाष जी ने जब भाषण पूरा किया तो अनिल जी उठे और उस भाषण में दिए मिथकों की आलोचना की और कहा—यहाँ कोई दलित उपस्थित होता तो उस पर क्या प्रभाव होता, वह क्या कहता, यह भी हमें सोचना चाहिए।

नन्दकिशोर जी ने शायद प्रभाष जी व रमेश के परम्परा प्रेमी कथन का समर्थन किया। बोले—अमेरिका में रैड इंडियन नाम को भी नहीं रहे, यहाँ दलित-शूद्र सभी मौजूद हैं। यह भारतीय संस्कृति की लोच का ही प्रमाण है।

आत्मतुष्टि को यह तर्क भले काम का हो, मुझे तो लगा कि यह तुलना जरा भी सुसंगत नहीं है। क्या हम इतनी बड़ी संख्या को अभी भी पिछले हजारों वर्षों की तरह आगे भी इतनी घृणित और अन्यायभरी स्थिति में बनाए रखना चाहेंगे?

8.6.2001

अस्पताल से छुट्टी मिले चार दिन हो गए। हाल पूछने वालों का सिलसिला बढ़ गया है। आज हरियाणा के पूर्व मुख्यमंत्री बंसीलाल आए। साथ में इंडियन एक्सप्रेस के प्रदीप कौशल भी। बंसीलाल जी का खुद का बाईपास डेढ़ साल पहले डॉ. वेणुगोपाल ने किया था। बोले, जीना चढ़ने व घूमने की कोई मनाही नहीं होती। खूब घूमना है, कम से कम आधा घंटा रोज। उन्होंने डॉ. ऑर्निश की एक किताब का जिक्र किया कि वह श्रेष्ठ है। बाद में रास्ते से पुस्तक खरीद कर ड्राइवर के साथ भेज भी दी। उनके अनुभव दिलचस्प थे। बता गए कि ऑपरेशन के बाद होश आने पर आदमी प्रायः एब्नॉर्मल हो जाता है। गाली देता है, गुस्सा करता है, कपड़े भी फाड़ने लगता है। एम्स के

उसी वार्ड की बात है, बिहार के एक मंत्री ने नर्स को पीट दिया, खुद के कपड़े फाड़ डाले।

ओम ने उन्हें बताया कि पिताजी तो होश में आने के बाद एकदम नॉर्मल रहे। कोई गुस्सा आदि नहीं रहा। हँसते हुए फिर थोड़ा कह डाला-अस्पताल में शान्त थे, घर में हम पर गुस्सा जरूर करते हैं।

10.6.2001

टाइम पत्रिका के ताजे अंक में मेरे प्रिय कथाकार आर. के. नारायण पर वी.एस. नायपॉल का लेख पढ़ा—'द मास्टर ऑफ स्मॉल थिंग्ज'।

11.6.2001

प्रभाष जोशी उषा जी के साथ आए। रामबहादुर राय और अनुपम मिश्र भी आए। अनुपम तो फलोदी आते रहे हैं।

15.6.2001

बिज्जी (विजयदान देथा) आया, साथ दामोदर (थानवी) भी था। बिज्जी मुझे छह पुस्तकें भेंट कर गया। चार खुद की, एक कोमल कोठारी की और एक मनमोहन ठाकौर की। कह गया कि मैं अब शिक्षक जीवन के अपने संस्मरण लिखूँ। ठाकौर की पुस्तक 'आवाजें बल्का बस्ती की' को मॉडल मानूँ। बिज्जी 1951 से मेरा मित्र है। जोधपुर के 'ज्वाला' साप्ताहिक में साथ थे। दामोदर को तो मैंने हाईस्कूल में पढ़ाया है।

(अफसोस कि दोनों अब हमारे बीच नहीं रहे।)

17.6.2001

बिज्जी का कल भी फोन आया और फिर सुझाया कि मैं शिक्षक जीवन के संस्मरण लिखना जरूर शुरू कर दूँ। आज के फोन में तो शीर्षक तक सुझा दिया—'पढ़ाने का सुख', उप-शीर्षक रहेगा—'एक आम शिक्षक की आत्मकथा'! जीवन के विभिन्न अनुभवों का रचनात्मक चित्रांकन हो। मैंने कहा, जरूर।

29.6.2001

एमी ने गुड्डी बाई (प्रेमलता जी) को बताया कि आज हमारी शादी की सालगिरह है। हिसाब किया। शादी 1948 की सिधनवम् को हुई थी। 53 वर्ष हो गए। रात आइसक्रीम आई। दो ग्रास मुझे भी मिले। शुगर वर्जित।

5.7.2001

रॉबर्तो बेनिनी की इतालवी फिल्म देखी 'लाइफ इज ब्यूटीफुल'। ऑस्कर जीत चुकी है। देखने योग्य है। बहुत मजेदार।

सुश्री शमा फतेहअली द्वारा मीरा के भजनों का अंग्रेजी अनुवाद (नागरी रूप सहित) 'इन द डार्क ऑव द हॉर्ट' पढ़ा। कुल पद तीस हैं। अनुवाद, पदों के चयन और प्रामाणिकता के विषय में लिखी खूब लम्बी भूमिका महत्त्वपूर्ण है।

10.7.2001

चीन के आखिरी सम्राट की नियति पर बनी फिल्म 'द लास्ट एम्परर' देखी। यह भी एक इतालवी निर्देशक बर्नार्दो बर्तोलुची की फिल्म है। सम्राट की

ऐयाशी और क्रांति के बाद बागबान के रूप में जीवन का अन्त इतिहास के विकट दौर को दिखाता है। जिस आत्मकथा पर यह फिल्म बनी है, उसका अनुवाद दो भागों में कभी गिरधर राठी ने किया था। वह अनुवाद भी निकलवा कर पलटा।

15.7.2001

मोहन गुप्त आए। पाकिस्तान के मशहूर कथाकार इंतजार हुसैन का उपन्यास 'आगे समुंदर है' दे गए।

जीवन और साहित्य पर बोरिस पैंकिन की सात निबन्धों वाली मशहूर किताब में से 'लाइफ ऑव् अ टीचर' निबन्ध पढ़ा। निबन्ध चिंगीज आइत्मातोव की लिखी विश्व प्रसिद्ध पुस्तक 'डुइशेन' पर केन्द्रित है। हिन्दी में आइत्मातोव की यह किताब 'पहला अध्यापक' नाम से प्रकाशित हुई थी। भीष्म साहनी के अनुवाद में।

16.7.2001

गुंटर ग्रास के उपन्यास 'द टिन ड्रम' पर आधारित फिल्म की न्यूयॉर्क टाइम्स में छपी समीक्षा 'हजार श्रेष्ठ फिल्में' किताब में पढ़ी। संग्रह से फिल्म निकलवाकर देखी। बहुत सशक्त फिल्म है।

19.7.2001

'टू सर विद लव' फिल्म देखी। ईआर ब्रेथवट के प्रसिद्ध उपन्यास पर बनी है। काले शिक्षक के रूप में सिडनी पॉइटिये का अभिनय कौन भुला पाएगा?

24.7.2001

जापान के शिक्षक लेखक त्सुनेसाबुरो माकागुची की पुस्तक 'सृजनशील जीवन और शिक्षा' (नेशनल बुक ट्रस्ट) पढ़ी। कुछ अंश : 'जाग्रत सामाजिक चेतना का विकास करना ही सच्ची शिक्षा का प्राथमिक दायित्व है।' (पृ. 21) 'यह बात सर्वमान्य है कि कान्ट और उनके अनुयायियों ने विद्यार्थी के अपने सुख को शिक्षा का उद्‌देश्य मानने का विरोध किया।' (पृ. 16) 'सुख को शिक्षा का लक्ष्य मानने से कान्ट का विरोध था। लेकिन मेरा विश्वास है कि अगर उस काल में समाजशास्त्र विकसित हो गया होता तो कान्ट की सोच भी अलग होती। कान्ट की सुख की संकल्पना में सामाजिक तत्त्व नहीं हैं। ऑगस्ट कॉम्टे द्वारा समाजशास्त्र के विकास से पहले, समाज-बोध वस्तु नहीं था, और इसी कारण उन्होंने उस पर मनन नहीं किया।' (पृ. 18) 'सच्चा सुख सिर्फ दूसरों के और समुदाय के संकटों और सफलताओं को बाँटने से ही मिलता है। इसलिए यह आवश्यक है कि सुख की सच्ची संकल्पना में सामाजिक जीवन के प्रति ईमानदारी भी शामिल है।' (पृ. 19)

'सुख स्वास्थ्य पर निर्भर करता है, मगर स्वास्थ्य निर्भर करता है सकारात्मक गतिविधि पर। लक्ष्यविहीन जीवन, उदासीनता या अ-रचनात्मक गतिविधियों से अक्सर व्यक्तिगत ऊर्जाएँ बर्बाद हो जाती हैं। जब लोग वयस्क हो जाते हैं तब तक बदलाव के लिए बहुत देर हो गई होती है; व्यवहार की आकृति गढ़ चुकी है। लेकिन बच्चों और युवाओं को यह दर्शाया जा सकता है कि वे अपनी ऊर्जाओं को सकारात्मक गतिविधियों में कैसे ढालें। उन्हें मूल्य-सृजन की ओर अग्रसर किया जा सकता है। और अन्ततः शिक्षा प्राप्त करने का कारण भी यही है।' (पृ. 22)

'ऐसी शिक्षा जो भविष्य के किसी सुख को लक्ष्य बनाकर बच्चों के आज के सुख की बलि चढ़ाती है, वह शिक्षा सिर्फ बच्चों के व्यक्तित्वों को ही नहीं, बल्कि सीखने-सिखाने की प्रक्रिया को भी नष्ट करती है।' (पृ. 203)

त्सुनेसाबुरो माकीगुची का जन्म 1871 में जापान के एक छोटे से गाँव में हुआ था। वे 1913 में एक प्राथमिक पाठशाला के प्रधानाचार्य बने और 20 वर्ष तक उसी पद पर रहे। अपने सिद्धान्तों के लिए उन्हें तत्कालीन सरकार से काफी संघर्ष करना पड़ा। जेल में 1944 में उनकी मृत्यु हुई।

रमेश यह पुस्तक वर्षा दास से लाया था।

27.8.2001

प्रकाशन संस्थान से प्रकाशित पुस्तक 'दिशाहीन सरकार की दिशाहीन शिक्षा' पढ़ी। लेखक हैं अजीत सिंह तोमर 'बजरंगी'। बेकार किताब है।

5.9.2001

सत्यजीत रे की 'अपूर संसार' देखी। एमी ने भी, प्रेमलता जी ने भी। अपू-त्रयी की यह आखिरी कड़ी है।

14.9.2001

शाम को रवीन्द्र भवन में 'पुस्तक वार्ता' नाम की पत्रिका का लोकार्पण किया विनोद कुमार शुक्ल ने। महात्मा गांधी अन्तरराष्ट्रीय हिन्दी विश्वविद्यालय ने शुरू की है। हँसमुख कुलपति अशोक वाजपेयी ने स्वागत व आभार व्यक्त किया। के. बिक्रमसिंह की बनाई दो फिल्में 'कविता का स्रोत' प्रदर्शित हुईं। निर्मल वर्मा, गगन गिल, राजेन्द्र यादव, प्रयाग शुक्ल, गिरधर राठी, रश्मि वाजपेयी, पुरुषोत्तम अग्रवाल, रुस्तम, राजकिशोर, केदारनाथ सिंह आदि कई लेखक वहाँ थे।

3.10.2001

सच्चिदानन्द सिन्हा की लिखी 'केऑस एंड क्रिएशन' (ललित कला अकादमी) परसों पढ़ी थी। आज उन्हीं की लिखी 'संस्कृति विमर्श' पढ़ी, जिसे बीकानेर के वाग्देवी प्रकाशन ने इसी वर्ष प्रकाशित किया है।

14.10.2001

एक मजेदार नज्म सुनने को मिली, सांगीतिक तान-उत्तान के साथ। 'दाग' के शागिर्द 'नूह' नारवी की कही बताई जाती है :

कहा, काबुल को हम जाएँ—
कहा, काबुल को तुम जाओ।
कहा, अफगान का डर है—
कहा, अफगान तो होगा।
कहा, चीन को हम जाएँ—
कहा, चीन को तुम जाओ।
कहा, जापान का डर है—
कहा, जापान तो होगा।
कहा, नूह को सुन आएँ—
कहा, नूह को सुन आओ।
कहा, तूफान का डर है—
कहा, तूफान तो होगा।

19.10.2001

बीकानेर लौटकर डॉ. राजा बाबू व डॉ. डी.के. से मिला। दवाएँ लिखवा लीं। सुखदेव जी से मिला। घर आ गए हैं अस्पताल से। एक मोटर साइकिल से टकराकर पाँव छिल गया था। जाँघ की चमड़ी लेकर ग्राफ्टिंग की गई है। अब ठीक हैं।

शुभू पटवा आए। कल जयपुर जाएँगे नन्दकिशोर जी के साथ। राजस्थान प्रौढ़ शिक्षण समिति की बैठक है। शुभू आजकल उसके अध्यक्ष हैं।

शुभू जी हमारे परम स्नेही मित्र हैं नन्दकिशोर जी की तरह। उन्होंने एक मजेदार प्रसंग सुनाया। पुरी के शंकराचार्य निरंजन देव तीर्थ बीकानेर आए हुए थे। वही जिनसे ओम का साक्षात्कार साप्ताहिक 'रविवार' में छपा और विवादपूर्ण वक्तव्य के कारण देशभर में परेशानी का कारण बना। उन्होंने प्रवचन में एक

दिन कह दिया कि शुभू पटवा बनिया हैं, इसलिए हमारे भाषणों की खबर ऑल इंडिया रेडियो पर नहीं आती। जबकि लंदन का बीबीसी रेडियो तो हमारी खबर देता है। शुभू जी को इस बात का पता न था। नारायण रंगा उन दिनों कोटगेट पर ब्लैकबोर्ड पर खबरें लिखा करते थे। उन्होंने यह खबर वहाँ लिख दी। शुभू जी को कचहरी में लोगों ने कहा कि बाहर मत घूमो, नाराज पुष्करणा लोग परेशान कर सकते हैं। किसी ने कहा, कोटगेट नहीं गए क्या? बोर्ड पर खबर है। वे तत्काल गए। फिर वहाँ गए, जहाँ शंकराचार्य विराजमान थे। बाहर बी.डी. कल्ला मिले। बोले, घर चलो, चाय पिएँगे। शुभू बोले, पहले अन्दर महाराज से मिलूँगा। आप भी साथ चलें, बस इतना कह दें कि यह शुभू पटवा पत्रकार है, फिर मैं अपनी बात कह दूँगा। उन्होंने परिचय दे दिया। पटवा जी ने पूछा, महाराज किसने आप से कहा बीबीसी पर खबर आई और आकाशवाणी पर नहीं आई?

महाराज बोले—यही सुना। इशारा आस-पास वालों की तरफ था। शुभू बोले, एक नाम तो बता दीजिए। फिर शुभू जी ने निवेदन किया, बीबीसी को आपके अमुक भक्त जो डीआईजी हैं, रोज सुनते हैं। उनका कहना है कि ऐसी खबर कभी नहीं आई। और आकाशवाणी पर अमुक दिन आई। रोज तो आएगी कैसे? तब शंकराचार्य बोले, आप सही कहते हैं। आप कहें तो सभा में यह बात कह दूँगा। शुभू जी ने कहा कि आप कहें न कहें आपकी मरजी, किन्तु मेरे साथ शहर में क्या हो जाता, आप जरा इस पर जरूर विचार कीजिएगा। यह हाल है आज के शंकराचार्यों का।

2.10.2001

नन्द भारद्वाज का कविता संग्रह 'झील पर हावी रात' पढ़ा। अधिकांश कविताओं का स्वर बहुत उदास है। थोड़ी ही ऐसी हैं जहाँ थोड़ी पुलकन, प्रसन्नता या आशा हो। उदासी में भी भविष्य की आशा व कष्टों से संघर्ष का आह्वान रखते हैं। उर्दू, राजस्थानी व हिन्दी का सुन्दर मेल है। भाषा में सहजता है, लोच है, थोड़े में अधिक कहने की शक्ति भी है। मुक्तिबोध का कुछ प्रभाव लगा। कविताएँ 74-77 के आस-पास की हैं।

28.11.2001

उर्मिला जी (रमेश की पत्नी) के शोक की बारह दिन वाली बैठक चल रही है। सुबह से शाम तक यहाँ से और बाहर से भी लोग मिलने आते हैं। कई किस्से-घटनाएँ सुनाई जाती हैं। चुटकुले भी और अजीब-अजीब अन्य बातें भी। घनश्यामजी पहलवान ने एक डरावनी घटना सुनाई। जयपुर के एसएमएस अस्पताल में उनका बाईपास हुआ, जहाँ बारह बाईपास वाले मर चुके थे। एक घटना यह घटी कि सिन्दूरी रंग का नग जड़ी हुई सोने की अँगूठी भानजे सुरेश को तख्त के नीचे पड़ी मिली। कई जगह पुछवाया। आखिर उसका मालिक मिल गया।

एक और घटना घटी। किसी ने आकर कहा कि फलाँ शख्स में उनके ससुर की आत्मा उतर आई है और साले से अपने लिए धोती-कपड़ा लाने को कह रही है। जब तक साला आकर हाँ नहीं कहेगा, तब तक आत्मा जाएगी नहीं। उन महाशय का पुत्र दौड़ा-दौड़ा आया और उनके साले—जो वहाँ बैठे थे—को ले गया। लौटकर उन्होंने हमें पूरा किस्सा बताया। मैंने कहा कि स्वर्गस्थ मेरा वह बुजुर्ग मित्र तो ऐसी बातें सोच भी नहीं सकता था। वह तो प्रगतिशील विचारों का था। उसकी संगत और अनुकरण से ही हम रूढ़िवादी विचारों को छोड़कर प्रगतिशील साहित्य और विचारों के अनुगामी बने थे। किस्सा हवाई है।

उस घड़ी एक पूर्व विधायक महोदय भी हमारी बैठक में बैठे हुए थे। उन्होंने कहा कि तब की बात और होगी, बाद में वे तंत्र-मंत्र में विश्वास करने लगे थे। मैं आपको उनके बारे में बताता हूँ। और वे पालथी मारकर आँखें बन्द कर सीधे बैठ गए, मानो समाधि लगाई हो। काफी देर बाद उन्होंने आँखें खोलीं और बोले—वे शिव लोक में हैं और आठ वर्ष बाद इटली में जन्म लेंगे। हम सब हैरान रह गए।

उनके जाने के बाद लोगों ने कहा यह इनकी हॉबी है। तीन-चार घर इनके प्रभाव में हैं, जहाँ ये और इनके अनुयायी चौकी चढ़ा कर (क्या अर्थ 'चौकी चढ़ाने' का, मुझे नहीं पता) जिसे कहें उसकी आत्मा को 'बुलाते' हैं और जो चाहें सो 'पूछ कर' बताते हैं।

वाह जन-प्रतिनिधि, वाह!

29.1.2002

मैं जब पाँचवीं में था, तब शिवप्रताप सातवीं में था। स्काउटिंग के दो ट्रुप हमारी स्कूल (मिडल, सातवीं तक) में थे। एक में मैं था, दूसरे में शिवप्रताप। मैं पाँचवीं में जासूसी किताबें और क्रांतिकारी किताबें लाता तो शिवप्रताप भी मुझसे लेकर पढ़ा करता। छठी में आया तब शिवप्रताप आठवीं और आगे की पढ़ाई के लिए कहीं नहीं गया। लेकिन संस्कृत, संगीत, साहित्य और अन्यान्य विषयों की पुस्तकें पढ़ने का स्वभाव जारी रहा। पिता मुम्बई में जिस कम्पनी में काम करते थे, एक-दो साल बाद शिवप्रताप को भी उन्होंने उसी कम्पनी में नौकरी दिलवा दी। शिवप्रताप प्रतिभावान था, कम्पनी में काम करते-करते समझ गया कि इनको कानूनी सलाहकार भीतर ही कोई मिल जाए तो कई तरह के नुकसान रुक सकते हैं। शिवप्रताप ने अपनी अंग्रेजी को बेहतर किया और कानूनी किताबें पढ़ने लगा। कम्पनी के विवाद पढ़े, उनसे जुड़े कानून समझे और कम्पनी की आँखों में ऐसा चढ़ा कि कम्पनी ने उन्हें सब कामों से मुक्त कर केवल कानूनी केस पढ़ने व वकीलों को सलाह देने का काम ही सौंप दिया। वेतन बढ़ा दिया। इतना निष्णात हो गया कि जीवन भर एक कमरे में किताबों के बीच बने रहना ही उसकी नौकरी हो गई। वह कानून भी पढ़ता और अपनी प्रिय अन्यान्य पुस्तकें व संस्कृत के प्रिय ग्रन्थ भी पढ़ता रहता। उसके जैसा संस्कृत व संगीत-साहित्य का ज्ञाता मुझे मेरे कस्बे फलोदी में दूसरा नहीं मिला।

इन दिनों वह फलोदी आया हुआ है। कभी-कभी उसकी बातों का रस लेने जाता हूँ। आज हम दो घंटे से ज्यादा बैठे। पाणिनि, पतंजलि, कात्यायन (मुनि त्रयी) की बातें हुईं। कैसे संस्कृत व्याकरण के ज्ञान को उसने उत्तरोत्तर विकसित किया, इस पर भी प्रकाश डाला। वाल्मीकि रामायण का एक प्रसंग सुनाया।

माल्यवान ने सलाह दी रावण को कि सीता को लौटा दे, तो रावण बोला—द्विधा भज्येयमपयेयम् न नमेयन्तु कश्चिन् एष मे सहजो दोष स्वभावो दुरतिक्रमः (मुझे दो भागों—'द्विधा'—में तोड़ कर टुकड़े कर दो तो भी—'अपि'—किसी के सामने नहीं झुक सकता। मनुष्य अपने स्वभाव का अतिक्रमण नहीं करता, मेरा यह सहज दोष है कि मैं अपने दोष का अतिक्रमण नहीं कर सकता, किसी के आगे झुक नहीं सकता।)

गीता के पाँचवें अध्याय की चर्चा आई, मेरा समतावादी-समाजवादी विचारों की तरफ झुकाव देखकर। शिवप्रताप ने कहा, देखो उस अध्याय में साफ लिखा है—

इहैव तैर्जितः सर्गोयेषाँ साम्ये स्थितं मनः।
निर्दोषं हि समं तस्माद्ब्रह्मणि ते स्थिताः।

श्लोक में समता की—साम्य की महत्ता पर जोर है। भाव है कि जिनका मन समत्वभाव में स्थित है, उन्होंने सम्पूर्ण संसार जीत लिया है।

कबीर का एक किस्सा सुनाया कि कबीर जी गंगा में नहा रहे थे। पानी घुटने-घुटने ही था। डुबकी लगाकर नहा नहीं सकते थे। लोटे से नहाए। सामने पास ही एक ब्राह्मण हाथ से नहा रहे थे। हाथ में पानी कितना आता? लोटा उनकी ओर बढ़ाकर कहा—लो, इससे नहा लो, परेशान क्यों होते हो? ब्राह्मण बोला—तुम नीची जाति के हो, जुलाहे हो, तुम्हारा लोटा अपवित्र है। कबीर जी ने कहा—यह गंगा क्या एक लोहे को भी पवित्र नहीं कर सकती? तब शरीर को क्या पवित्र करेगी?

पिछले वर्ष मुम्बई से कुछ दिन के लिए फलोदी आया था शिवप्रताप। तब उसने धर्म की परिभाषा वाला जो उद्धरण बताया था, वह किसमें से था मैंने पूछा। उसने फौरन बताया—वह पूर्वमीमांसा में है, जहाँ सवाल होता है—अथा तो धर्म जिज्ञासा। उसके क्रम में कहा है—'ये तो अभ्युदय निश्रेयस सिद्धिः।' जिससे (ये तो) उन्नति (अभ्युदय) और कल्याण (निश्रेयस) सफलतापूर्वक प्राप्त किए जा सकें (सिद्धिः)—वह धर्म है।

कल एक संस्कृत कहावत कही थी। आज पूछकर नोट की। वह थी—

ददतु ददतु गालीं
गालीवन्तो भवंतः।
वयमिह तदभावाद्
गालिदानेऽप्यशक्ताः॥

देते रहो देते रहो गाली, आप गालीमन्त हैं (गालियों के भंडार हैं) मुझमें (या हम में) इनका अभाव है, अतः इनका दान करने में मैं (या हम) असमर्थ हूँ (हैं)।

यह कहावत उसने किसी पारिवारिक सन्दर्भ में कही थी। फिर वापस मिलूँगा तो इसका शास्त्रीय सन्दर्भ भी पूछूँगा।

30.1.2002

परसों शिवप्रताप के सामने अपनी बात कही कि रागों में मेरी रुचि तो बहुत है, किन्तु दो-तीन रागों के सिवाय अन्य रागों को पहचान नहीं पाता हूँ। राग पीलू सुनूँ चाहे भैरवी या भूपाली, शास्त्रीय संगीत मुझे प्रिय बहुत है, फिर भी राग नहीं पहचान पाता। तब शिवप्रताप ने रागों के प्रकार समझाने वाला एक पद गाकर सुनाना शुरू कर दिया। देर तक सुनाया। तबले के बोल सुनाने शुरू कर दिए। बहुत देर तक धिरकिट धन, धिरकिट धन सुनाता रहा। मुझे याद आया कि बचपन से ही वह संगीतप्रेमी किसी अच्छे समुदाय की संगत में पूरा दिन बिताया करता था। सातवीं के बाद फलोदी में पढ़ाई की सुविधा न होने के कारण मुम्बई न गया तो ऐसे कुछ वर्षों तक संस्कृत पढ़ा। हिन्दी साहित्य के कई ग्रन्थ पढ़े। देवकीनन्दन खत्री के जासूसी 'चंद्रकांता सन्तति', 'भूतनाथ' जैसे उपन्यासों से पं. सुन्दरलाल के 'भारत में अंग्रेजी राज' तक, जो मैं एक गुप्त लाइब्रेरी से मेरे साहित्यप्रेमी शिक्षक पं. शिवबालकराम की सिफारिश पर लाता, वे सब भी। पढ़ने का, सीखने का गजब का शौक था। मगर संगीत में गहरे नहीं पैठा।

31.1.002

शिवप्रताप के घर गया। दो घंटे बैठा। ब्रह्मसूत्र का शांकरभाष्य शंकराचार्य ने लिखा था। कुछ उसकी चर्चा हुई। अष्टाध्यायी की एक टीका है, वह सिरहाने रहती है शिवप्रताप के। बुद्ध के विचारों को शून्यवाद नाम दिया और बुद्ध का नाम लिए बिना खंडन किया। गीता की चर्चा हुई। शिवप्रताप से सुना—

प्रियवाक्यप्रदानेन सर्वे तुष्यन्ति जन्तवः।
तस्मात् तदैव वक्तव्यं वचने का दरिद्रता॥

मधुर वचनों से सभी खुश होते हैं तो वैसा ही बोलना चाहिए। बोलने में दरिद्रता कैसी ?

ऐसा ही एक उद्धरण है वाल्मीकि रामायण में। उसका आधा भाग ही याद था शिवप्रताप को (जो इसी कथन की पुष्टि करता है)—

स्मित पूर्वाभिभाषी च पूर्वभाषी प्रियम्वदः

—बोलने से पहले, जो मुस्कराते हैं, और दूसरों से पहले बोलते हैं और मीठा बोलते हैं (वे राम होते हैं—रामवत होते हैं)।

है तो आधा उद्धरण, पर भाव स्पष्ट है।

फिर चर्चा हुई एक अजीब नाम वाले शास्त्र की। 'खंडाखंड खाद्यम्', जिसमें सब तर्क ही तर्क भरे पड़े हैं—एक शास्त्र जिसमें कुछ मीठा है 'खंड' (= खाँड) वाला और कुछ मीठा नहीं है, 'अखंड' है (= जो खाँड जैसा मीठा नहीं है अर्थात् खट्टा-मीठा, खारा-सा)।

बात-बात में कहा—

तंत्रीनाद कवित्तरस, सरस राग रति रंग।
अनबूड़े बूड़े तरें, तरें जो बूड़ें सब अंग॥

जो नहीं डूबते हैं वे डूब जाते हैं, जो समस्त अंगों से डूबते हैं वे तैर जाते हैं।

जिस परमप्रिय पुस्तक को सिरहाने रखने का पहले जिक्र आया है, आज उससे संबंधित एक और वृहद् पुस्तक के बारे में बड़े उत्साह से बताया। वह है जयादित्यवामन की 'काशिका'। इसमें पाणिनि की 'अष्टाध्यायी' के वृत्ति-सूत्रों का अर्थ है। उदाहरण भी हैं। इसके दो संस्करण हैं। दूसरे संस्करण के तेरह खंड हैं, जिनमें संस्कृत की दो अन्य टीकाएँ और हिन्दी अनुवाद भी है।

2.2.2002

एक विचित्र प्राणी से मिले। पूछने आए थे कि मुरारी आज जोधपुर से आया है, वह कोई चाबी तो नहीं लाया। पहली बार देखा उन सज्जन को सो बिठाया, बात की।

बातों-बातों में उन्होंने बताया कि वे फलोदी के एक प्रकांड पंडित 'ऋषि महाराज' के शिष्य हैं और खुद भी संस्कृत के ज्ञाता हैं। शिवप्रताप का जब मैंने नाम लिया तो बोले, वे उसे विद्वान मानते ही नहीं। जो हो, पर तीन ऐसी

बातें कह गए जिनसे लगा कि वे पुष्करणा समाज के कट्टरवाद (गए-गुजरे जमाने वाले) के प्रतिनिधि नरपुंगव हैं। बंशीलाल व रमेश पास बैठे थे। उन सज्जन को पानी पीने को जो लोटा दिया, उसमें से उन्होंने कुछ पानी पीने के बाद लोटा मेरे पास रखा ही था कि राजू बाहर से आ गया। उसने उसी लोटे से पानी पी लिया। अपने पांडित्य का प्रमाण देने को उन सज्जन ने ऐसी घोर कट्टरवादी बात कही : जिस लोटे से पहले पानी पिया हो, उससे कोई दूसरा पानी नहीं पीता है। यह कहकर एक श्लोक भी संस्कृत में सुना दिया कि यों जो शेष पानी पिया जाता है वह श्वान-मूत्र होगा।

फिर उन्होंने फरमाया—ब्राह्मणों को कपड़े पर नील कभी नहीं लगानी चाहिए, नील जिसे हम लाल बुर्ज कहते हैं। इससे पाप लगता है। यह कहकर उन्होंने एक श्लोक और बोल दिया ताकि मान लें कि यह सचमुच ज्ञान है।

मैंने कहा कि जब संस्कृत में शास्त्र रचे जाते थे, श्लोक लिखे जाते थे, तब तो लाल बुर्ज आया ही नहीं था। रमेश ने बात बिगड़ती देख उनके कथन के भाव की व्याख्या कर उसे यों युक्तियुक्त बताया—नील कौन लगाता था? वही न जो बड़ा हो, धनी हो। ब्राह्मण बड़ा होने का दम्भ न भरे, इसलिए यह रोक लगाई गई होगी। वह धनी होने का व्यर्थ दिखावा न करे। वह तो निर्धन होने व निर्धन दिखने में ही शोभा देता था। दिखावा तो उसे गिराता था। विनम्रता ही उसकी शक्ति थी, शोभा थी।

फिर आगन्तुक सज्जन ने तीसरी ज्ञानदान की बता फरमाई तिथियों पर। गुरु को एकम, छठ, आठम तथा चौदस को नहीं पढ़ाना चाहिए, शिष्य को पढ़ना भी नहीं चाहिए। यदि इन तिथियों में पढ़ाई होती है तो विधान है कि किसी तिथि को शिष्य मर जाएगा, किसी को गुरु तो किसी को दोनों मर जाएँगे।

जय हो। हमने कोई भाष्य नहीं किया। उनके 'सत्संग' का आभार व्यक्त करते हुए इतना जरूर कहा—आप ब्राह्मण हैं, आपके हाथ में लोटा हो चाहे पानी, कहते हैं, वह पवित्र हो जाता है। हमारे लिए तो हर आदमी 'यो माम् पश्यन्ति सर्वत्र' ईश्वर का रूप है। वह ब्राह्मण हो, चाहे मेघवाल हो। राम के हाथ में जो लोटा है, 'ईशावास्यमिदं सर्वम्,' उसके भीतर का पानी अपवित्र कैसे रह सकता है? हम तो उसे प्रेम से पी लेते हैं।

वे सज्जन बोले—गधे का भी?

हमने अर्ज किया—मनुष्य गधा नहीं होता, न गधे के हाथ में लोटा होता है।

इन शब्दों के साथ हमने उन्हें विदा कर दिया।

11.1.2013

कुछ समय पहले ओम ने मुझे नाजिम हिकमत की एक कविता 'लिटल गर्ल' भेजी थी, जो उसे अनुवाद योग्य लगी। मैंने इसका अनुवाद कर दिया तो ओम ने उसे फेसबुक पर दे दिया। प्रतिक्रिया खूब व्यापक रही। कई ब्लॉग आदि पर साझा हुई। आज मालूम चला कि एक जापानी ब्लॉग ने इसे मेरे नाम से देकर इसका जापानी अनुवाद और तुर्की मूल भी दे दिया है। हिन्दी अनुवाद इस तरह था :

नन्ही लड़की

(हिरोशिमा कन्या)

दरवाजों पर मैं आपके
दस्तक दे रही हूँ
कितने ही द्वार खटखटाए हैं मैंने
किन्तु देख सकता है कौन मुझे
मरे हुओं को कोई कैसे देख सकता है?

मैं मरी हिरोशिमा में
दस वर्ष पहले
मैं थी सात बरस की
आज भी हूँ सात बरस की
मरे हुए बच्चों की आयु नहीं बढ़ती।

पहले मेरे बाल झुलसे
फिर मेरी आँखें भस्मीभूत हुईं

राख की ढेरी बन गई मैं
हवा जिसे फूँक मार उड़ा देती है।

अपने लिए मेरी कोई कामना नहीं
मैं जो राख हो चुकी हूँ
जो मीठा तक खा नहीं सकती।

मैं आपके दरवाजों पर
दस्तक दे रही हूँ
मुझे आपके हस्ताक्षर लेने हैं।
ओ मेरे चाचा! ताऊ!
ओ मेरी चाची! ताई!

ताकि फिर बच्चे इस तरह न जलें।
ताकि फिर वे कुछ मीठा खा सकें।

०००